戦場ジャーナリストが見抜いた中韓の大嘘

マイケル・ヨン
Michael Yon

決定版

# 慰安婦の真実

育鵬社

# まえがき

私はフロリダ出身のアメリカ人ライターです。人生の大半を海外で過ごし、これまでにアジア二十五カ国を含む七十五カ国を巡ってきました。現在は、タイのチェンマイを拠点に活動しています。

アメリカでは「ドア・ブレーカー（ドア破り）」というニックネームで知られています。それは、私が、戦場に赴き、危険な場所に身を置いて、そこでしか見えない生々しい現実を、写真やレポートによって伝えてきたからです。

二〇〇四年には、イラク戦争に従軍記者として参加し、そこで起こっていた事実をレポートしました。それを『Moment of Truth in Iraq（イラクの真実の時）』と『Inside the Inferno（業火の中で）』という本にまとめて出版し、どちらもアメリカ国内で高い評価を受けました。最初の著書『Danger Close（忍び寄る危険）』は、私のアメリカでの青春時代とアメリカ陸軍特殊部隊（通称グリーンベレー）での訓練のことなどについて著したものです。

以上は簡単な自己紹介で、ここで早速ですが、本書の本題について述べます。

**「慰安婦問題」とは、一言でいえば、壮大な「詐欺《さぎ》」事件です。**

詳細はこの本の中に述べますが、背後には、大きな謀略が働いています。

実を言えば、私はもともと「慰安婦問題」には、まったく関心を持っていませんでした。今に至るまで、何等の政治的立場も有していません。**しかし、世界各国を巡っているあいだに、この問題がさまざまな立場の人たちの、複雑な思惑の中で、「新たに引き起こされている」ことがわかってきました。**

私はこの問題を調査するために十一カ国を訪れました。

ほとんどのジャーナリストと、いわゆる歴史家たちが、この「詐欺」に引っかかっています。なぜなら彼らは、現場や当事者への取材もせず、あるいは明確な事実や証拠も押さえぬまま、不確かな伝聞や虚言を、正しいと思っているからです。

私は調査した上で書くことを信念にしているライターであり、私の著述活動は事実を基にしています。

また、私は戦場がどういうものかを熟知しているので、そこでどのようなことが起こっているのか承知しています。

そんな私が、「慰安婦問題」を取材したレポートを中心にまとめたのが本書です。

日本語版では初めての単著を、一人でも多くの日本の方に、手に取っていただき、真実を知っていただければ幸いです。

二〇一八年十月五日

タイ・チェンマイより　マイケル・ヨン

# 決定版・慰安婦の真実——戦場ジャーナリストが見抜いた中韓の大嘘　目次

## 第一章　慰安婦問題

## 第二章　第二次世界大戦

## 第三章　世界情勢の中で



編集協力――高関　進
装幀――村橋　雅之

# 第一章
# 慰安婦問題

## ◉「慰安婦」を推し進める中国

皆が競って「慰安婦」の本を書いており、あまりにも多くて読み切れないほどです。これは朝日新聞社が何年にもわたって読者を欺《あざむ》いたあげく、二〇一四年になってやっと謝罪した件でもあります。

**我々は普通、中国の言っていることをそのまま信じることはありません。ただしそれにも例外があります。中国が日本を批判しているときは別で、我々欧米人はいとも簡単にその話を額面どおり信じてしまいます。**

日本は他国と仲良くやっているというのに（もちろん日本と韓国、日本と中国の関係は別にして）、中国は日本を強烈に批判しています。

中国は近隣諸国にその影響力を過剰に行使しています。地域別に見ると中国は世界で四番目に大きな国で、ほぼカナダや米国と同じくらいの国土の広さです（米国は世界で三番目。カナダはそれよりちょっとだけ大きい）。

中国は国土がこれだけ広大なのにもかかわらず、自国の沿岸からずっと離れた小さな島の領有権について、依然として文句を言い続けています。小さなブータンにも威張《いば》り散らしています。

ほとんどの人は、世界地図でブータンの場所を見つけることができないでしょう。ブータンのことを聞いたことすらないかもしれません。しかし中国はブータンの領土を侵略しつつあるのです。巨大な中国に対してブータンは自らを助けるすべもありません。

ブータンだけが中華人民共和国の犠牲《ぎせい》になっているのではありません。中国は南シナ海や東シナ海、その他の地域のすべてを欲しているのです。その目的を達成するために、中国は他国間の国際的同盟関係を断ち切る必要があります。米国と日本の強い絆《きずな》、米国と韓国の同盟関係、これらを断ち切る必要があるのです。

**慰安婦について、あるいは『ザ・レイプ・オブ・南京』、そして中国が推し進める情緒《じょうちょ》的な話題の多くは、実は人権とは何の関連もありません。もともと中国は人権擁護の立場を取っておらず、地球上で最大の人権侵害が横行している国です。**

おそらく歴史上、最大でしょう。中国は依然としてそれらに熱心に取り組んでいます。将来、国際的に優位に立つために、他国間の同盟関係に歪《ひず》みをもたらそうとしています。

## ◉「従軍慰安婦」をつくりだした千田夏光

千田夏光《せんだかこう》（本名＝千田貞晴：一九二四〜二〇〇〇）による著書『従軍慰安婦』を原作とする、英語版かドイツ語版の映画を探しているとき、私は偶然、「戦時中、性奴隷は一日に三百人以上の兵士を相手にしていたと元日本兵が証言」という記事を目にしました。**日本が二千万人の中国人を性奴隷にしたと非難しています。**しかも韓国人たちが主張する二十万人から四十万人の性奴隷は数に入っていません（ARIRANG NEWS, Aug. 21, 2014）。

何の意味もありません。日本兵一人あたり十人、二十人、あるいは五十人の性奴隷を従えていたとでも言いたいのでしょうか？　一体、何名の日本兵が中国にいたというのでしょうか。

**記事は女性一人が一日三百人にサービスしていたと伝えています。ちょっと考えてみましょう。彼女は一日に休みなしで二十時間、猛スピードで仕事をこなすことができるとします。男性一人あたり四分のサービスで二十時間です。**

**当時二千万人もの性奴隷がいたのなら、どうして一日あたり三百人もの男性にサービスしなければならないのでしょうか。**

完全に馬鹿げています。ネス湖の怪獣《かいじゅう》のほうがまだ信憑性《しんぴょうせい》が高いといえます。ネス湖の怪獣を見つけようとどれほど努力しようとも、あるいは巷《ちまた》にはびこっている性奴隷の証拠を見つけようとどれほど努力しようとも、結局、不鮮明な写真やピントがぼけたビデオ、あるいは信憑性のない証人しか出てきません。それでいて、話を作った人間は大金を稼《かせ》いでいるのです。

## ◉かつて米軍に接客していた売春婦が弁論の機会を与えられる

【STARS AND STRIPES　Dec.18,2014の記事からの引用】

最近まで、韓国における売春婦の歴史はあまり知られていませんでした。韓国政府は当時、米軍が半島から引き揚げることを恐れ、米国の軍人たちをハッピーな気持ちにさせて、おまけに低迷した韓国経済に米ドルをつぎ込ませるために、韓国女性たちに売春婦となることを勧めたと専門家は分析しています。

年老いた女性の多くは、今も働いていた基地のそばで生活しています。多くの女性はキャンプ・ハンフリーズ（Camp Humphreys）のすぐ近くの平沢《ピョンテク》市安亭里《アンソンリ》にある粗末な住居に住んでいました。基地がどんどん拡大していったため、その地域では居住費が高騰し、より条件の良い部屋を借りることができなかったのです。

## 米国への警告

**我々のなかで、ほんの少数の者だけが慰安婦問題に注意を向け、巨大な陰謀《いんぼう》と数々の小さな策略に気づいています。実際のところ、米国では誰もそれらの陰謀に気がついていません。**私が知る限り、メディアの関係者で気がついている者は一人もいません。ほとんどの人は、人権とか売春を懸念《けねん》しているという類の「生き餌《え》」のついた釣り針を、何のためらいもなく呑み込んでいます。

普通、テレビで売春婦が抱かれていても、その売春婦が韓国人であろうが何人であろうが見向きもしないものです。それが突然「慰安婦産業」の花形に持ち上げられました。大金と地理的・政治的要因のためです。

**韓国政府は日本から金を巻き上げ、一方で日本に対する罪悪感を醸成《じょうせい》するために、陰**

**で「慰安婦産業」に援助してきました。これまでずっと長い間、韓国は世界で最も精力的に売春婦を輸出してきた国の一つであるにもかかわらず。**

多くの人は、韓国というとキムチと売春婦を連想するでしょう。売春が韓国の主要産業の一つなのに、日本に慰安婦についての批判を浴びせるのは、まったく厚かましい話です。しかしこれは主要な問題ではありません。ポイントは、韓国政府、特に朴《パク》前大統領が日本を責め続けたのは、韓国が一つの大きな売春婦ともいうべきものであり、結局は日本のお金が欲しかったということなのです。

韓国が作り上げたモンスターは、今、後ろを振り返って今度は韓国自身を訴えています。テロリストにターゲットにされることになる一番危険な行動とは、テロリストをサポートすることです。同様に、売春婦に訴えられることにつながる行動とは、売春婦が誰かを訴えるときに最初にサポートすることです。

米国は、アメリカ合衆国下院121号決議（「第二次大戦中に日本軍が女性たちを強制的に性奴隷にした事実を公式に認めて謝罪し、歴史的な責任を負わなければならない」としている）を成立させ、ヒラリー・クリントンとバラク・オバマがわざわざ声明を出して韓国の売春婦（政府と売春婦の両方）をサポートしてしまいました。日本へのバッシングをサポートしたのです。

米国にいて日本をバッシングすることは、いくつかの面で安全です。米国では中国人と韓国人は、日本人よりもずっと大きな政治的影響力を持っています。日本をバッシングすることで、より多くの票と献金を集めることができます。もしも票とお金が欲しいなら、日本をバッシングするとよいのです。中国人と韓国人の両方から票とお金を安全にもらえます。

しかし今、娼婦《しょうふ》たちは無節操な韓国政府を訴えています。残念ながら、次のターゲットが誰なのか、注意を払っている者は一人もいません。韓国政府相手の訴訟《そしょう》に勝ったならば、彼女らにとっての次のステップは、アメリカ合衆国下院121号決議と米国政府の声明を携《たずさ》えて後ろを振り返り、韓国人売春婦を「使用」したことに対して、米国政府を訴えることなのです。

結局、彼女らは売春婦です。これは人権といった類の問題ではありません。いくら払うかが問題なのです。

## ◉日本を嫌っているのはどこの国か？

これまで私は、アジアの二十五カ国とアジア以外の七十カ国を訪ねてきました。約二十年にわたって海外に住んで旅をしてきました。メディアは、あたかも世界中が日本に背を向けているかのようにほのめかしていますが、本当に日本よりも評判の良い国はカナダ、ドイツ、あるいはオーストラリアぐらいでしょう（資料が手元にないので、これは私の推測です）。

ドイツとカナダはとても評判が良い国で、私自身がよく知っています。日本もです。私が旅してきた国で日本を嫌っているのは、たった二国だけです。一国は、感情で行動し続ける機械であり、どんどん巨大化するグローバルな圧制者・中国。二国目は理性の欠如した国・大韓民国です。

韓国の日本嫌いは度を越しています。彼らは、にこやかな日本人よりも、核兵器を携えた北朝鮮を受け入れるでしょう。北朝鮮に行ったことはありませんが、少なくとも国としては無力でまったく正気ではありません。

メディアのリポートを読むと、まるで日本が近隣諸国から嫌われているかのように書かれていますが、実際のところ、日本は中国や韓国以外のアジアの国々とはうまくやっています。タイの人々は日本人に好意を抱いています。日本人は礼儀正しいし、親切です。滅多に問題を起こしません。

一方で、中国人と韓国人はといえば、…まあ、彼らにはイメージチェンジが必要になることでしょう。香港や台湾、シンガポール、それにインドネシアも、皆一様に日本に好意的です。アジアは日本を嫌っていると書いてある記事を見かけたら、それは現地の雰囲気を何も知らず正確な情報を持っていない「インチキ・ジャーナリスト」の記事であるという証拠です。

アジアの中で日本人は非常に尊敬されているし、歓迎されています。だいたいにおいて私が旅した国々では、アメリカ人もまた非常に歓迎されています。

## ◉韓国の「慰安婦」研究に中国が参加

「韓国の『慰安婦』研究に中国が参加する」（Want China Times,Dec. 17, 2014）とは。

これではまるで、二匹の狼《おおかみ》がそろって一匹の羊について研究するようなものです。これは日本・米国・韓国の関係を破壊するための、大きな作り話です。それによって中国は南シナ海、さらに広大な領域を支配することを目論《もくろ》んでいるのです。

その手に乗ってはいけません。それには付録もついてきます。いずれ韓国における米軍向けの娼婦について米国を訴えてくる罠《わな》となりうるのです。

最初のターゲットは日本でした。そこでの経験から娼婦たちは学び、賢くなりました。今、百二十二人の韓国人娼婦たちが、自分たちの政府を訴えています。韓国政府にとっては思ってもいなかった反撃でしょう。注意深く見ている我々少数の者だけが、次のターゲットは米国であると気づいています。

娼婦たちが米国に対して権利を主張してくる日が来ます。加えてアメリカ合衆国下院121号決議、オバマとヒラリー・クリントンの声明、いずれそれらが我々に復讐《ふくしゅう》するために戻ってくるでしょう。

## ◉第二次世界大戦から七十年――韓国政府と慰安婦

韓国政府の客引きが、第二次世界大戦についてぶつぶつ文句を言っています。驚くべきことに、第二次大戦中、韓国は最も甚大《じんだい》な被害を受け、過酷《かこく》な経験をしたと思っているようですが、たとえてみれば膝《ひざ》に擦《す》り傷を負ったようなものです。七十年経っても、罠にかかったウサギのように泣き叫んでいます。ウサギの叫び声を聞いたことがありますか？　韓国だけが大声で何度も何度も叫び声を上げています。慰安婦の件について他の研究者と電話連絡を取りました。今、フィリピンとオーストラリアに向かうべく準備をしています。この調査研究には（いつものように）現地に行って関係者と会うことも含まれます。

韓国政府は、駐留米軍への韓国人売春婦たちの客引きとしての長い歴史があります。百二十二人の売春婦が、かつての彼女らの客引き、つまり韓国政府を訴えています。

一方で韓国政府は、第二次世界大戦中の韓国人売春婦らのことで、依然として日本にカナキリ声で叫んでいます。

韓国政府は「日本が二十万人もの女性をさらった」と言っています。まったく荒唐無稽《こうとうむけい》です。歴史的文書のどこを見ても、そのようなことを支持する記述はありません。

そうこうしているうちに、このドラマの全体が（ここが重要な点ですが）中国によって支配されてしまい、中国はさまざまな機会をとらえて、韓国・日本・米国・オーストラリア間の絆を引き裂こうとしています。

目的は、南シナ海とその他の領域の支配権を握ることです。我々は朝日新聞の記事を信用しませんし、また朴《パク》前大統領の言葉も信用しませんでした。彼女はウサギのように叫んでいただけです。

## ◉慰安婦像の撤去を要求する

ニュージャージー州のユニオンシティ、カリフォルニア州のグレンデールの慰安婦像は撤去してゴミ箱に捨て去るべきです。

これらはすべて、日本・アメリカ・韓国の強い絆を弱体化させることを意図した巨大な情報操作の一環であり、その背後にいるのは国際的に連携したネットワークを持つ中国な

**のです。**

私は、グレンデールの慰安婦像を二度見に行ったことがあります。二度目に訪れたとき、そこには日本共産党のグループがいました（彼らは自ら日本共産党であることを明かしました）。『赤旗』の求めに応じて、記者とドキュメンタリー映画制作者を引き連れて像を訪れたそうです。

像のプレートには日本に抗議しているとされる、タイ、シンガポール、インドネシアなどさまざまな国の名が刻まれています。しかしこれは間違っています。

たとえばタイを見てみましょう。タイには慰安婦問題など存在しません。インドネシアにも存在しません。賢明なシンガポールは、そんな像を国内に建てようというプロパガンダを許さないでしょう。

**慰安婦問題に熱中しているのは韓国だけです。この情報操作がアメリカ人と反日の人々に対し非常にうまく機能しているのを見て、中国はもみ手して笑っているのです。**

グレンデールは罠にかかったのです。図書館までピックアップトラックで行って、このプロパガンダ像（図書館の隣に設置されています）を地面から引っこ抜くべきです。

## ◉反日慰安婦のペテンが加速する

「米国の大学の研究者らが、慰安婦の歴史を修正しようとする日本の動きを非難」

これは『ワシントンポスト』（Feb.9, 2015）の記事のタイトルです。

**このペテンは、過去数十年にわたって作り上げられてきたものです。**これに対し、**日本が先手をうって効果的に反撃しない限り、最後には爆発的に増加することでしょう。**断言します。そのときになってアメリカ人とオーストラリア人は、日本との同盟関係に一体何が起こったのか、困惑することになるでしょう（今まさに米国とタイとの関係のように）。

その結果に満足して、**中国は静かに笑うでしょう。日本と他国との同盟関係を分断させようと、膨大《ぼうだい》な資金をバックにした情報操作が進行中です。しかもそれはうまくいっているのです。**

昔からの私の読者に、いくつかのことを考慮するようお願いしたい。私は、いつも何か大きなことに警告を発してきましたが、はじめは絵空事のように聞こえたかもしれません。

しかしたとえば、イラクやアフガニスタン、ダニエル・メナード司令官（Daniel Menard准将：退役、軍法会議にかけられる）とスタンリー・マクリスタル司令官（Stanley Allen McChrystal司令官：アフガン司令官を解任させられる）、あるいはタイ国内の情勢についての分析を発表するときは、下調べを十分にしてきました。

かつてメジャーなテレビ番組やラジオプログラムで、私は米国がアフガニスタンの戦争に負けつつあると言ってきました。勝ったことが我々の共通認識となったとき（二〇〇六年）でさえも、そのように言っていました。現地に行ってその目で確かめてみてください。現実を知ることができます。

**ほとんどの著者やジャーナリスト、アナリストたちは、他誌の記事を読むことぐらいしかやっていません。その上でいくつかの記事をもとに「メタ（虚構の）記事」を作り上げるのです。**

多くの社説や論説記事が、ブライアン・ウイリアムズ（Brian Williams：ニュース番組のアンカー。虚偽発言が発覚し降板）みたいな人間を作り出します。彼らはスクワットも知りません。ニューヨークのような所に住んで働いています。

ひょっこりとやってきては写真を撮り、自分が理解していないことについて記事にするのです。**いろいろな国の影響力のある人物が、私の書いている記事を読んでくれます。それは別に私のことを好きだから、という理由からではありません。私が現地に行って本物の仕事をしているのを知っているからです。**

二〇一四年のほとんどを、米国にタイとの関係が崩壊寸前であることについて警告を発することに費やしました。二〇一五年に実際に崩壊が起こりました。私はそれらの記事をタイのチェンマイから書いていました。すべてはっきりとこの目で見たことです。

タイは米国に背中を向けつつあるのです。この事態は我々米国が招きましたが、それを今、タイのせいにしています。米国はタイにとっての問題であり、解答ではありません。タイ人はそれを知っています。タイに住んでいる注意深いアメリカ人たちもそのことを知っています。

一般に、タイ人とアメリカ人の関係は非常に良いものです。我々がタイの内政にけちをつけるのをやめれば、タイ政府も米国と対話するでしょう。タイ国のことはタイに任せるべきです。

我々米国がテロリストの国であるサウジアラビアに接近して、彼らをまるで親しい友人かのように待遇していることに、タイは気がついています。ここタイでは、アメリカ人が信じられないほど歓迎されているのにもかかわらず、米国はタイのことを軽くあしらっているのを、タイは知っています。

米国はサウジアラビアでは歓迎されていません。しかしながら今日、アメリカ人が「タイが大嫌いだ」と書かれたTシャツを着てバンコクまで飛んできても、何の問題もなくタイに入国できます。

しかし、ほとんどのアメリカ人はサウジアラビアに入国できません。彼らは我々を嫌っているのです。彼らを守るために費やされる、我々の銃と血が好きなだけです。もちろん、それはサウジアラビア人のためではありません。彼らの持っている資源のためです。

サウジアラビア人は、我々の兵士と人を使い捨てのゴミのように扱います。タイ人は我々の兵士と市民を歓迎し敬意を払ってくれます。米国政府はサウジアラビアの足にキスをし、一方でタイを愚弄《ぐろう》しています。

日本とつきあうやり方を我々米国が変えない限り、また、日本には名誉があり、高く尊敬されるべき同盟国であることを念頭に置かない限り、今後の日本との関係は冷えたものとなるでしょう。その上でそれを日本のせいにするでしょう。冷え切ったタイと米国の関係をタイのせいであると我々米国が言っているように。

性奴隷の件はでっち上げです。米国市民と政府高官は中国の〝毒えさ〟を、呑み込もうとしています。これは我々の同盟関係を分断するための、大きなまやかしです。それもこれも中国が同盟関係を分断し、アジアの周辺地域を征服するためです。

## ◉慰安婦のペテンの目的は何か

調べれば調べるほど、言ってみれば「性奴隷」は大きなペテンであることが明らかになってきます。

この詐欺の第一の目的は、日本からお金を引き出すこと、および日本に対して憎悪をあおることです。

第二の目的は、日本を米国などの他の同盟国から引き離すことです（実際、日米間に摩擦を引き起こしています）。

究極の目的は日本を可能な限り弱体化させ、南シナ海における中国の領有権を確立することです。

この件について調べるため、フィリピンに行ってきました。慰安婦がいたことは確かです。我々の誰もがそれを知っています。他の国と同様、韓国でも慰安婦はもてはやされています。彼女らが存在したのかとか、今でもいるのかとかは問題ではありません。

問題なのは、果たして彼女らは集団で強制的に誘拐《ゆうかい》されたのかどうかです。そんなことはありません。明らかに彼女らのほとんどは、ただの売春婦です。少なくてもこの点については我々の調査で明らかです。売春婦はいろいろな国で大きなサービス産業を形成しています。

今回の調査やさまざまな人とのコンタクトによって得られた情報を解析し、フィリピンへの再調査の旅を検討しています。再びフィリピンへ行きます。

## ◉韓国軍の強姦行為

ベトナム人は正義を求めています。韓国の嘘は思いがけないところからほころび始めています。以下に韓国軍兵士によって乱暴されたベトナム人女性のビデオ証言を引用します(“Nguyen Thi Bach Tuyet - Survivor Testimony”, YouTube, Oct. 2015)。

**【ベトナム人女性のビデオ証言】**

ベトナム戦争当時、まだ私が少女だった頃、父が経営していた茶店の近くに駐屯《ちゅうとん》していた韓国軍の兵士たちに母と私はレイプされ、二人とも妊娠《にんしん》しました。

韓国は米国と同盟関係にあったので、助けを求めに行くところはどこにもありませんでした。私たちを強姦《ごうかん》した韓国兵は、いまだに法の裁きを受けていません。

私たちの人生はめちゃくちゃになってしまいました。母がレイプされたことで父は家を出ていきました。私自身はそのことを誰にも知られたくなくて秘密にしていました。思えば私は幼かったのです。だから私の運命を受け入れなければいけないのだと思って生きてきました。でも今は違います。私はもう十分、歳をとりました。彼らの行為に大きな怒りを覚えます。

**悲しいことですが、私の話は何も特別なものではありません。ベトナム戦争当時、何千人ものベトナム人女性が、私のようにレイプされました。それなのに韓国政府は戦時中の韓国兵による組織的な暴虐《ぼうぎゃく》行為に対して、謝罪どころか認めようともしません。**

私は、今、正義を求めています。あなたの助けが必要です。

## ◉「軍事上の必需品」

この件について、いろいろな国で調査を続けていますが、この「ウサギの巣穴」はどこまでも深く続いているようです。

「性奴隷にするために、日本はアジアで数十万人を誘拐した」と韓国と中国は言っています（二十万人から四十万人です）。しかし実際のところ、当時、日本軍や米国海軍が海を越えてやってくる前から、巨大な売春婦産業が存在しました。

私は二度訪れたことがありますが、カリフォルニア州のグレンデールの慰安婦像には、フィリピンとタイの国名がプレートに記載されています。さもフィリピンとタイも日本に対して苦言を呈しているかのように装っています。私はタイに住んで、ここで日本の慰安婦の件について調べていますが、慰安婦についての文句を言う者など、タイにはいません。

さらに調査をするために、再びフィリピンを訪れる予定です。他の国にも調査に行きます。フィリピンは過去数百年にわたり、売春婦で有名です。スペインなどはフィリピンで活気に満ちた売春婦ビジネスを展開していました。

米国は売春婦ビジネスをもっと大がかりにしましたが、第二次大戦中は日本軍が数年にわたって売春婦ビジネスを支配しました。その後マッカーサーが戻ってきて、米軍が売春婦ビジネスをさらに大きくしました。戦後、多くの米国人が残りました。今、相変わらずフィリピンは売春宿で有名です。

日本は、韓国人やフィリピン人を性奴隷にするために誘拐する必要などありませんでした。彼らは売春婦が入ってこないように、基地をガードしなければいけなかったでしょう。二〇一五年、アメリカの入国管理局は、韓国の売春婦たちが米国内で巨大な売春婦ビジネスを展開しないように目を光らせることで手いっぱいでした。

「植民地時代のマニラにおける売春婦」（"Prostitution in Colonial Manila", by Luis C. Dery, Philippine Studies, 39（1991）475-489）という学術論文には、当時の状況が詳細に記されています。一部内容を引用します。

**【「植民地時代のマニラにおける売春婦」から】**（一部引用）

アメリカの植民地支配により、フィリピンの売春婦問題は一層悪化した。一八九九年、フィリピンとアメリカが戦争となり、戦闘部隊の焦土《しょうど》作戦のポリシーにより、多くの財産が失われ、多くの人々の生活が極貧へと追いやられた。米国支配の初期の頃、ウィリアム・タフト（当時初代フィリピン民政長官）は、フィリピン人から得たこの状況の情報を報告した。

アメリカ人の次にやってきたのは日本人である。道路、橋、軍事施設などを建設するために安い労働力を必要とした。しかしながらマニラの日本人社会で最も成功したビジネスは、売春宿の事業であった。日本人が経営していた三十五の売春宿のうち三十二軒がマニラのサンパロックに存在した。

米軍兵士のための売春婦の役割は「軍事上の必需品」である、とタフトは認識していた。

米軍兵士の間に性病が蔓延《まんえん》するのを防ぐため、アメリカ軍当局は憲兵司令所を通じて、一九〇一年、赤線区域を定めた。

ここに誰か清廉潔白《せいれんけっぱく》な者はいますか？

## ◉日本は韓国・中国と慰安婦問題について交渉するべきではない

**韓国と中国は、いつものように嘘をついています。**
**慰安婦は存在したし、今でも世界中に存在します。米国や他の国々でも同じですが、日本の慰安婦制度において女性は性病検査を受けていました。ですが旧日本軍が二十万人から四十万人もの女性を拉致《らち》したなどとは、まったくのお笑い種《ぐさ》です。彼女らのほとんどは売春婦でした。**

私は慰安婦に関して調査すべきと思われる国、八カ国のうち、六カ国に行って調べてきました（二〇一五年時点）。たとえばインドネシアでは十九件、実際に性奴隷にされた事件がありましたが、その実行犯は罰せられています。ビルマでは十五件あることがわかりました。私は被害者と思われる女性に撮影取材しました。彼女の話は信憑性が高く、記録文書とも合致しています。

フィリピンでも少数の例があったようで、いずれもっとよく調べるためにフィリピンに再度行くつもりです。しかしながらそれらは著しく制度を逸脱した事件であり、制度そのものは女性を苦しめるためのものではありません。調査してわかったことは、戦時中に日本軍と接触した八十代後半から九十代の人たちの多くは、日本人に好意を持っていたことです。

もちろん全員ではありません。ですが大多数の人々は、日本人が好きだと言います。なかには、日本人が自分たちを兄弟姉妹のように扱ってくれたと話す老人たちもいました。インタビューの様子はビデオに収録してありますが、同じような話を三カ国で聞きました。

この調査は、土質のサンプルを採るようなものです。もしもプールからサンプルを採ると、プール全体の水質がわかります。しかし私が行った調査は土のサンプルです。一つの地点で何かを発見しても、別の村では人々の態度は異なっています（当時の旧日本軍の行動によっても、あるいはその地区が親日的か、反日的だったかによっても異なる結果が出ます）。

**アジアのうち二十五カ国を旅行した経験では、普通言われているような「日本は憎まれている」というのとまったく反対で、いうなれば日本人は高く評価されているか、あるいはまったく気にかけられていないかのどちらかです。**

**日本人を憎んでいるのは、中国、韓国、そして「日本」、の三カ国だけです。**売春婦全員が何らかの方法で拉致されたとか、強制的に売春婦にさせられた犠牲者だ、という考えはナンセンスです。

医師や弁護士で、自分の仕事が嫌いだという人に会ったことがあります。タバコの葉を収穫したり稲を植えたりする人たちも、自分の仕事が好きじゃないと言うかもしれません。

しかし売春婦がロックスターのように「自分の仕事が好きだ」と言ったら、驚くべきことです。もし売春婦に、「あなたは自分の仕事が好きですか？」と質問すれば、きつい調子で「NO」という答えが返ってくるでしょう。

タクシーの運転手に、「車の中で乗客を待ち、一日中いろいろな人を相手にして交通渋滞の中にいるのは好きですか？」と質問したら、多分、否定的な答えが返ってくるでしょう。

ピンクの雲に乗っているお花畑の人は、意外と多いものです。彼らはお金のために自分の身体を売る売春婦などいないと思っていて、売春婦になるのは強制されたからだろうと想像します。男性は身体を売って戦争のための傭兵《ようへい》として戦います。それも売春婦と同じでしょうか？

お金のために身体を売る者もいます。アメリカの女子大生で、洒落《しゃれ》たドレスを着ていい車に乗っている者のなかには、ウェイトレスで稼ぐのではなく、ストリップのポールダンスで稼いでいる者もいます。

売春は世界中で巨額の金が動いている業界です。バンコクの繁華街には売春婦が溢れていますした（米軍基地内では見かけませんが）。世界中のいろいろなところで、売春は行われています。

## ◉韓国の新興宗教

慰安婦像崇拝信者は、世界中で、現在も米国のジョージア州で、新しい「神像」を設置するのに忙しく働いています。信者たちが慰安婦像のまわりで行っていることは一見の価値があります。

像のまわりで踊り、署名活動をし、像の手を取り、太陽の照りつける日や雨の日には、像に傘を差しかけ、寒いときは着物を着せ、食べ物と飲み物を像に供える……。像の前で音楽会も開いていました。韓国のカトリック教会ですら、この「新しい神」に跪《ひざまず》いています。

ソウルの聖フランシスコ修道院の前にも、慰安婦像があります。私はそこを取材してきます。

ましたが、これこそ偶像崇拝の最たるものです。

ある一人の慰安婦像崇拝者は、駐韓の日本大使と米国大使を暗殺しようとしました。暴力が奨励され、マスコミはそれに同調しています。慰安婦像崇拝者は反米・反日の確信犯です。

## ◉子供たちに「慰安婦」を教えることについての論争

カリフォルニアで、歴史と社会学を子供に教える上でのガイドラインが制定されましたが、その中に「第二次大戦中、日本軍の売春施設で性奴隷となることを強要された慰安婦として知られる女性たち」との文章が含まれていました。

これが元となり、アメリカの日系コミュニティと韓国系コミュニティの間で激しい論争が起きました（"Controversy over how to teach kids about comfort women", The Washington Times, Feb. 7, 2016）。

これはアメリカの子供たちをもターゲットにした巨大なペテンであり、情報操作です。

日本軍が二十万人もさらって「性奴隷」にしたという嘘は、論理的に完全に偽りであることが暴かれています。

**日本軍は売春婦に対して「慰安婦システム」を構築しました。当時、売春婦は完全に合法で、さらってくる必要などありませんでした。慰安婦のほとんどは日本人でした。**

**当時、朝鮮は日本の一部で、数十万人の朝鮮人が日本の軍人であったことも覚えておいてください。数十万人の朝鮮人が、日本の市民として日本軍の兵士であったということは、性奴隷の嘘自体をぶちこわしにするものでもあります。誰も指摘しませんが、つまり朝鮮人が朝鮮人を非難しているのと同じことになります。**

多くの韓国人と中国人は、あたかも日本人がアジア中で嫌われているかのように言いふらしています。私はアジアの二十五カ国で何年も過ごしてきましたが、どこでも日本人は尊敬されています（一般に北欧の人々あるいは米国人も好まれています、もっとも米国自体はあまり好まれていません）。

私は台湾に一カ月ほど滞在しましたが、日本人に対する感情はとても良いものでした。ジャカルタでもタイ国でも同じです。しかしこのことはメディアで報じられることはありません。

一般に台湾の人々は、日本に対してとても好印象を持っています。誰でもいいから台湾人を見つけてきて聞いてみてください。しかし「sex slaves」と「Taiwan」をキーワードにウェブ検索をかけるとどうでしょう。まるですべての台湾人が日本人を嫌っているかのような検索結果に、きっと驚くことでしょう。

はっきりさせておきましょう。私が話した台湾人は、皆、慰安婦にするための「人さらい」があったと思っていました。たしかに彼らもプロパガンダに侵されています。しかしながらそれでもなお日本に対して愛着をいだいているのです。

台湾で中国軍の士官だった（おそらく確かと思われます）という、中国本土からやってきた男と会いました。彼は性奴隷の話なんて信じていませんでした。彼は言いました。「性奴隷の話なんて嘘さ」と。「しかし、九十九パーセントの本土の中国人はそれを信じていて、日本を嫌っている」とも。

彼自身は、日本人に対してとても良い印象をいだいていますが、「本土のほとんどの中国人は日本人を嫌っている」と、彼は言いました。

私は不思議に思い、どうしてなのか尋ねてみました。彼が言うには、単に国民が「愚か」（彼は実際にそう言ったのです）で、自分で調べようともせずに政府の嘘を信じているからだと。

続けて、「なぜあなたは性奴隷の話を信じないのか？」と尋ねてみました。すると彼は「第一に歴史が好きで自分で勉強しているから。第二にそんなことは意味がないから」と言いました。

私の言葉をそのまま受け取る必要はありません。ぜひ、日本人のことを知っているアジア人の友達に尋ねてみてください。もちろん例外もあるでしょうが、ほとんどの場合、私の言っていることが事実であることに気がつくでしょう。アジアでは、韓国人や本土の中国人たちよりも、日本人はずっと人気があるのです。

軋轢《あつれき》の種となるこのような嘘を、我々米国の学校で教えてはいけません。彼らは我々と日本の仲を引き裂こうとしています。その上ですべてを征服しようと企《たくら》んでいるのです。

## ◉性奴隷の嘘に対して真実を語るサイト

英語のウェブサイト http://www.eagerexec.com/（"East Asian Geopolitical Executive Response"、慰安婦についての英語の解説が掲載）は、とても信頼がおける情報源です。

ここで述べられていることは正確で、我々の調査結果とも一致しています。**可能な限り日本を弱体化させるための情報戦争は、主に中華人民共和国が仕掛けています。日本を潰《つぶ》しておいて南シナ海や、はるか太平洋を越えて進出するためです。**

**韓国もその情報戦争では大きな役割を果たしていますが、感情に任せて愚かに振る舞うので、自国の国益まで損ねています。日本軍が二十万人から四十万人の女性をさらって性奴隷にしたというのは壮大な嘘です。**インドネシアで十九人の女性（ほとんどはオランダ人）に乱暴し、性奴隷とした事件はありましたが、それに関わった将兵たちは日本軍によって逮捕され処罰を受けました。しかしながらそのインドネシアでは、当時も今も、日本は植民地化から解放してくれた、とされています。

二〇一五年初めに、現地に行って戦時中の日本について調査してきました。ジャカルタ版のアーリントン墓地（米国のアーリントン郡にある国立墓地で、多くの戦死軍人や政府高官が埋葬されている。第三十五代大統領のジョン・F・ケネディもここに葬られている）に行ってみればわかります。

そこには、インドネシアをオランダから独立させるために戦った日本兵たちも埋葬されています。中国や韓国は、日本を悪辣《あくらつ》な国だと思わせようとしていますが、日本はインドネシアで感謝され尊敬されているのです。

私はこれまでに八カ国を調査し（二〇一五年時点）、資金が整えばさらに他の国々も調べるつもりでいます。日本軍が二十万人から四十万人も誘拐したという証拠はまったくないのにもかかわらず、これまでマスコミはあたかも事実のように報道してきました。

もちろん、誘拐で慰安婦にされた例はほんの少数だがあることはあります。しかし慰安婦のほとんどが売春婦であったことは史料でも明らかです。いずれにしろ、それだけの数の自国の女性が拉致されていたのに、韓国人や中国人が何の反撃もせずにいたとしたらとんだ臆病者です。

韓国人と中国共産党の中国人は、自らの申し立てによって膠着《こうちゃく》状態に陥っています。つまり、現代の韓国人と中国人が嘘をついているのか、あるいは彼らの祖父の世代が臆病者だったのか、そのどちらかということになります。

話は飛びますが、ティニアン島で一九四四年に日本軍が五千人の朝鮮人を殺害したことを最初に証明できたら二万ドルの懸賞金を進呈する件（175ページを参照してください）は、今でもまだ有効です。

アメリカ人ベストセラー作家のローラ・ヒレンブランドは、彼女の著書『不屈の男 アンブロークン』で、五千人の朝鮮人が「皆殺し」の命令によって殺されたと二度も書いています。我々は彼女の本に載っている情報源を調べました。もちろん、米国の公式記録も調べました。そのようなことがあったとの記録はどこにもありませんでした。

　もちろんヒレンブランドと出版社も二万ドルの懸賞金を獲得する権利があります。どちらもいまだに証明できたと申し出てきませんが。これを読んでいるあなたにも権利があります。ぜひ挑戦してください。

　もちろん、**私は日本兵が何の戦争犯罪もしなかったと言っているわけではありません。**二〇一五年初め、調査のため**フィリピンのバターンに調査に行きました。そこでは戦争犯罪は確かにありました。**

　我々のチームは、カンチャナブリなど**タイの各地でも調査しました。「死の鉄道」では明らかに戦争犯罪はありました。しかしながら我々が調査したところ、日本軍の戦争犯罪は、たとえばナチスや共産党が関与した重大な戦争犯罪とは比較することなどできないレベルで、戦争にはつきものの程度と判明しました。**

　**日本人は民族の独立のために戦ってくれた解放者だ、と今も昔もアジアの多くの国で思われているのです。**

## ◉ミンディ・カトラーが〝差別主義〟の名言賞

米国人のフェミニスト、ミンディ・カトラー（Mindy Kotler：米国ワシントンD.C.にある小さなアジア政策研究機関、アジア政策ポイントの代表。主として日本を糾弾《きゅうだん》する政治的活動で知られる）が今日の〝差別主義〟の名言賞です！　とんでもない「名言」です。

映画『不屈の男 アンブロークン』についてカトラー氏は、アメリカの戦争の英雄ルイス・ザンペリーニの捕虜の話が誇張にすぎるという日本の主張を否定し、ザンペリーニのことをかばっています。

もちろん、私にはそれが誇張されたものなのかどうかわかりません。そこに私はいなかったのですから。当時、読者の誰もそこにいなかったでしょう。カトラー氏は、クリスチャンで白人のオリンピックアスリートであるザンペリーニを、ダーティーな日本人よりもうんと持ち上げています。信じられない差別主義者です。これは何でしょうか。まるで時が一九四六年に戻ったかのようです。

次に何を持ち出してくるのでしょうか？　白い三角帽子でも被って黒人教会を焼き討ち

にするのでしょうか？　フェミニストのカトラー氏は、驚くべきことに下院議員のマイク・ホンダとともに日本叩きをしていますが（たとえばアメリカ合衆国下院121号決議。カトラー氏は二〇〇七年に米下院を通過した「アメリカ合衆国下院121号決議」の草案に関わった）。

アジアの女性を教養がないと馬鹿にしているくせに、キリスト教徒の白人には何も文句をつけないようです。以下は、テレグラフに掲載されたミンディ・カトラーのインタビュー記事の抜粋です。

**【ミンディ・カトラーのインタビュー記事】（抜粋）**

日本軍に強制的に性の奴隷とされた無教養の女性の記憶と、ビリー・グラハムの弟子である白人男性のオリンピック選手の記憶は、まったくの別物です。

ビリー・グラハムは有名なアメリカ人の牧師です。ビリー・グラハムはとてもよい男でしたが、今年九十九歳で亡くなりました。しかしカトラー氏のあてこすりは明らかです。つまり、奇妙な信仰を持つ薄黒い日本人たちは、白人のキリスト教徒の言うことに口をはさむ権限はないと言っているのです。
カトラー氏にも弁明する機会が与えられるべきでしょう。彼女は単に引用ミスをしたかもしれません。同じようなことをいつも言っているので、いつも引用ミスをしていることになりますが。カトラー氏に関する次の私の批評について、彼女自身が弁明する機会を与えましょう。ジャーナリストは大誤報をするものです。
カトラーさん、あなたは「性奴隷」たちと日本に対して謝罪する必要があります。

悪名高き「フェミニスト」のミンディ・カトラーが、私の記事にコメントしてきました（次ページ参照）。

カトラーは北京の提灯《ちょうちん》持ちに過ぎません。彼女は中国で起こっている性奴隷の問題を無視して、第二次大戦時の日本にのみ焦点をあてています。
以下は私の回答です。

ミンディさん、とうとう貴女は本名を名乗って現れましたね。アレクシス・ダデン

**Mindy Kotler** Yes Jan Ruff O'Herne is still alive and you defame her at every paid opportunity you get. Where do you get the number 19? The Dutch Government counted over 300 about 25 years ago. Recent research says there were over 1,000. This includes the missionary nuns and nurses on Indonesia's outer islands that were trafficked and murdered. The 1948 Batavia Military Tribunal prosecuted Japanese officers for the "forced prostitution" 35 Dutch women (the shame was so great that the names are still sealed). This was the first trial of its kind and the only one for the Pacific War. The Japanese government in the 1990s gave medical payments to 78 Dutch who would accept the funds. 75 of these "comfort women" were women.
Like · Reply · Message · December 20 at 1:53pm

ミンディ・カトラーのコメント

あなたのおっしゃるように、ジャン・ラフ・オハーンは今もご存命ですが、あなたはお金を得られるあらゆる機会を通して彼女を誹謗《ひぼう》していますね。19人という数字は何を根拠にしているのでしょうか？　オランダ政府は約25年前に300人以上だとしました。最近の調査では1,000人以上だとされます。これにはインドネシア各地の離島で売買され、殺害された宣教師の尼僧や看護婦が含まれています。1948年、バタビア軍事裁判所は、オランダ人女性35人に“強制売春”させた日本の将校たちを起訴しました（その恥辱はあまりにも大きなものだったので、彼女たちの名前は今も秘されたままです）。これはそうした類では最初の裁判であるとともに太平洋戦争では唯一のものでした。1990年代、日本政府は（アジア女性基金の）援助を受け入れた78人のオランダ人に医療費を支給しました。そのうち75人は、こうした「慰安婦」の女性たちでした。（日本語訳）

(Alexis Dudden：コネチカット大学教授。東アジア近現代史が専門。日本を糾弾する論説で知られる）たちと同じように、二十万人もさらわれたという話を貴女が盲信し、それを事実のように見せかけて利用しようとしているのは明らかです。

インドネシアで起きたジャン・ラフ・オハーン（Jan Ruff O'Herne：オランダ人女性。一九四四年、ジャワ島のスマランで日本軍兵士に強姦され慰安婦となるよう強要されたと証言）のようなオランダ人の例を検証すると、貴女の主張は成り立ちません。

次の簡単な常識問題に答えてください。

・もしも日本軍の方針が「インドネシアでオランダ女性を拉致する」というものだったら、当時、オハーンらが拉致されたと判明したときに、なぜ、地域全域の売春宿をすべて営業停止にする必要があったのでしょうか？

・オランダ側は四百名のオランダ人慰安婦志願女性のうち、わずか六十、七十名（そのうちサマランではオハーンを含めて十九名）が強制的に慰安婦にされたと言っていますが、これは何を意味していますか？

・オランダの調査によると、当時の女性たちは志願するのに書類へ署名しなければならず、文書が読めない場合には通訳がつく、と明文化されていたそうです。これはどういう意味でしょう？

・貴女がおっしゃるように、もしすべての慰安婦は強制的に拉致するもの、という制度を日本軍がとっていたとするならば、なぜオランダは日本人を全員処罰しなかったのでしょうか？

かのローリングストーン誌の事件（ローリングストーン誌が新入生の「ジャッキー」の証言を元に、米バージニア大学の男子学生友愛クラブ「ファイ・キャッパ・サイ」の会館で集団レイプ事件があったと報道。その後、信憑性に問題があったことが発覚し記事は撤回された）を憶えていますか。大学のキャンパス内での婦女暴行事件のあるなしにかかわらず、大学がレイプ文化を推奨しているわけではありません。

規則を破った日本兵はいました。しかしそれはハワイ、フランス、占領下の日本、ドイツ、などでの我が米軍兵士にも当てはまるのです。どこでも規則破りはいます。

四十万人が強制的に性奴隷にされたというのは最低の嘘、カルト的な嘘です。ヒステリックに叫ぶカルトです。カルトはこれを否定する者に罰を与えます。典型的なカルトの手法です。言われたとおりのことを信じなければ、苦難が与えられるというわけです。

貴女はカルト詐欺の渦中にいます。貴女は巧みな詐欺師です。慰安婦問題を宣伝してまわっているロビー勢力は、慰安婦が売春婦であったという当時の証拠をまったく無視して同じ嘘を繰り返しています。

貴女は七十年前の日本軍の売春婦の件にこだわっていますが、現在、中国では実際に大規模な性奴隷の組織が存在していると、信頼できる筋が報道しています。そういった組織から次から次へと逮捕者が出ていて、カナダでも彼らが摘発されたとの報道がありました。

私が言っているのは、現在起こっていることです。ミンディ、貴女はこれらの事実を無視しています。今現在の性奴隷の大問題は、計画的詐欺をするためにヒステリックに言いたてるカルトの都合には合わないのですね。

今、解決できる問題を避けて、ドン・キホーテが水車を敵と見なして突撃したように、貴女が過去の慰安婦問題を言いたてる理由は何なのでしょう？　あなたの相棒のマイク・ホンダは、この問いに対する答えをいくつかもっていることでしょう。

私は調査した上で書くことを信念にしているライターです。調べた事実で記事を書きます。その私にヒステリックに喚《わめ》かれても説得力はありません。それどころか私の中で注意警報が鳴るだけです。韓国政府や中国政府に関連した組織から、一体、いくらもらっているのですか？

ダデンや貴女とは違って、私の著述活動は事実に基づいています。貴女の同僚であるアレクシス・ダデンは、韓国のための働きが認められマンハエ賞（朝鮮の詩人および僧侶で、反日独立運動家であったハン・ヨンウンのペンネームであるマンハエを冠した韓国の賞。対象分野は平和・学術・文学・仏教などとされる）を受賞しました。

彼女は日本国憲法改正に関するハーバードの諮問委員会の委員でもありますが、そのダデンは、国連の特別報告者のデイビッド・ケイ（David Kaye：カリフォルニア大学アーバイン校教授）が「日本の報道機関には、政府の規制があり報道の自由がない」などという真っ赤な嘘を塗りたくる使命を帯びて東京で政治活動した数日後に、彼と会っています。

東京で派手なイカサマ記者会見を行ったあとにデイビッドがしたことといえば、自分の持ち場のアジア研究という道具を利用して、日本が地域の防衛に寄与し、責任ある国家となるために憲法九条を改憲しようと努力している安倍晋三首相以下多くの改憲支持者について、根も葉もない中傷や誹謗《ひぼう》を行うアレクシスの策謀に加担したことです。

ダデンは事実を語っていますか？　彼女の発言は単に職業的左翼活動家の政治イデオロ

ギーではありませんか？　翻って貴女はどうなのですか？　慰安婦に関する合衆国121号審議で貴女は、マイク・ホンダ下院議員の指示に従って、二十万人の女性がさらわれたという明白な嘘を支持したのではありませんか？

合衆国121号決議はとんでもないインチキです。二〇〇七年四月の決議案文書を書いたラリー・ニクシュ（Larry Niksch：アメリカ議会局アジア問題専門員）は、韓国系組織のために働いたのではありませんか？

ほんの一部の議員が投票すると成立する、という特別なルールの下での決議が、なぜ新聞ではあたかも議員全員が日本に抗議して決議に同調したように報道されているのでしょうか？

通常は検証のため、議案に反対する証言や証拠が出されるのですが、なぜ提出されなかったのでしょうか？　それは貴女が最初の議論でそれらを封じ込め、次にホンダ議員がそのまま決議を進めたからではありませんか？

貴女とダデンの政治的野心を白日の下に晒《さら》さなければなりません。そうすれば、なぜあなた方が事実から目をそむけているのかが、明らかになります。貴女が持ち出している事件は悲劇的で、当事者は本当に悲惨な気の毒な境遇でした。

当然犯人は処罰されるべきであり、実際に処罰されました。しかし万が一、当時の規則破りの程度が、貴女が皆に信じ込ませたいものに近かったとしても（事実は近いどころか大きく異なる）、私は今一度あなたに質問します。

「国境なき女性の権利」代表レジー・リトルジョン（Reggie Littlejohn）が問題視した、今現在中国で起きている性奴隷のさまざまな事件をなぜ、貴女は無視するのですか？

中国では「中国人の独身男性のための村」がいくつもあり、そのために女性が人身売買で性奴隷にされています。そんな中国を糾弾《きゅうだん》する議員決議をするために力を注ぐべきではありませんか？　米軍兵士に対して現代の「慰安婦」問題申し立てが行われていますが、その真相究明のために働くべきではありませんか？

我々アメリカの同盟国である日本に対する、あなたの敵意は明らかです。北朝鮮に渡り、殺人者ともいえる金正日《キムジョンイル》体制を賛美した一方、慰安婦の件で日本について嘘の毒を紡ぎ続けるグロリア・スタイネム（Gloria Steinem：フェミニズム運動の活動家で著述家）と同じく、貴女は南北朝鮮を分断させておくとともに、我々と同盟国を離反させる工作をしているのです。

**今現在、中国や韓国などで横行している女性に対する犯罪を一切指摘することなく、慰**

安婦のインチキ話を信じる者は誰でも、どこかの国の提灯持ち、追従者です。ミンディ、貴女は中国の提灯持ちであるとともにペテン師です。

## ◉韓国の男たちとその子供たちは臆病者だったのか?

第二次世界大戦中、韓国の男たちは臆病者だったのでしょうか?

いつまでも晴れない疑問。第二次世界大戦中、日本帝国陸軍が二十万人もの韓国人女性を強制連行して、性奴隷(慰安婦)にしたという疑惑について、裏づけの取れない主張が現在も拡大し続けています。それらは主に韓国からの主張です。

慰安婦たちの主張を裏づける証拠を求めて、米政府は三千万ドル(三十億円超)の費用をかけて調査を行いました。約七年の歳月をかけて、大勢の米政府職員や歴史学者が過去の公文書を徹底的に調査した結果、有力な証拠は何一つ見つからず、結局三千万ドルが無駄に費やされました。

IWGの最終報告書(Nazi War Crimes and Japanese Imperial Government Records Interagency Working Group Report:ナチス戦争犯罪と日本帝国政府記録について米国の各省庁

**に残る文書を調査・点検してまとめられた報告書）は、二〇〇七年に米国議会に提出され、発表されました。この報告書を最初から最後まで読むことなく、誰も慰安婦問題について書いたり語ったりする資格はありません。**数多くの裏づけのない主張が、韓国から次々と出されています。しかし、韓国人の主張は裏目に出てしまうことがあります。その当時の韓国（朝鮮半島）は実際のところ日本の一部でした。

日本軍には韓国人の兵士がたくさんいました。だから日本軍が二十万人の女性を強制連行したのであれば、韓国人兵士が韓国人女性の強制連行に加担していたことになります。やっかいですが現実のことです。

事態はさらに込み入ってきます。韓国の大統領であった朴槿恵《パククネ》（二〇一四年）は、日本が大勢の韓国人女性を強制連行したと何度もしつこく責め立てました。この主張がブーメランのように戻ってくる様子を想像してみましょう。

**韓国は、日本が数十万人の韓国女性を性奴隷にするために強制連行したと言います。しかし韓国人男性が日本軍の行為に反抗して戦ったという証拠は何もありません。戦争中、韓国の人口は約二千三百万人でした。現在、テキサス州の人口は約二千六百万人です。**

**テキサス州の女性を二十万人強制連行しようとしたら、何が起きるでしょうか。きっと**

辺りは血の海に染まることでしょう。その目的に動員された軍隊は何千人もの兵士を失うでしょうし、その報復として何千人もの市民が軍隊に虐殺《ぎゃくさつ》されることは間違いありません。戦闘と虐殺の証拠は、写真、動画、戦闘の痕跡《こんせき》など山ほど残っていることでしょう。テキサスで二十万人の女性を奪ってレイプしようとしたら、辺りは間違いなく血の海になります（しかし韓国にはそのような痕跡はありません）。

つまり韓国政府は、第二次世界大戦中の韓国人男性は臆病者の集団であったと言っていることに等しいのです。

この件について、日本軍の将軍や提督の立場からも考えてみましょう。日本は米国、オーストラリア、イギリス、中国、さらに連合国とも戦争している最中でした。どう考えても手いっぱいのはずです。特に米国は海軍と海兵隊が進軍し、日本兵を見つけ次第どこであろうと攻撃していたのです。

軍隊のすべての指揮官は、常により多くの兵力と補給を求めるものです。それが世の中の常です。誰か将軍に聞いてみてください。もしくは企業の経営者に聞いてみてください。競争相手に勝ちたいとき、あるいは防御したいときには何が必要かと。

**彼らは常により多くの経営資源（＝人、物、金）を欲しがるはずです。二十万人の女性を強制連行して、彼女たちを監視し、移動させ、食べさせる目的に経営資源を費やす将軍がいるとすれば、いったいどんな種類の馬鹿なのでしょうか。**

**国の存続に関わる戦争に負けつつあるときに、わざわざもう一つの戦争を仕掛けているようなものです。**

日本人は軍事戦略を立てることに長《た》けていました。日本人は独自に潜水艦や航空機、空母まで製造していました。真面目かつ、非常に賢明な民族でなければできないことです。米軍と連合軍の攻撃がのど元まで迫ってきているのに、日本軍の将軍たちが貴重な資源を女性の強制連行に費やすはずがありません。彼らは戦争の真っ最中でした。春休み中だったわけではありません。

**真面目な軍人やビジネスマンであれば、二十万人の女性を強制連行することの愚かさが常識としてわかるでしょう。**まったく馬鹿げているし、そんなことをしたら朝鮮半島内で新しい戦争を生み出してしまいます。

当時、朝鮮半島では日本軍の新兵が徴募されていました。韓国人は日本兵として米国人を相手に戦争をしていたのです。韓国人は我々米国の敵でした。

韓国人男性の話に戻りましょう。米陸軍が二十万人のテキサス女性を強制連行しようとすれば、惨劇になるでしょう。特に軍人の中に多くのテキサス男が含まれていたとしたら、どうなるでしょうか。多くの韓国人男性が、日本兵に含まれていたのと同じように。

テキサスの男たちは立ち上がり、米陸軍を攻撃するでしょう。橋は爆破される。兵士たちは毎日射殺される。基地は燃やされる。陸軍側も報復して、全面戦争になるはずです。

しかしながら当時の朝鮮では、そのようなことはいっさいありませんでした。ということは、韓国人男性は韓国人女性を守ろうと、こぶしを振り上げる人間が一人もいないほど臆病者なのだと我々は信じればいいのでしょうか？　数多くの女性が強制連行されるのを黙って許したのであれば、確かに韓国人男性は臆病者であり、その息子である現代の韓国人男性の父親は臆病者であったことになります。

現実は私たちもよく知っているように、**韓国人は臆病者などではありません。韓国人はとても勇敢な民族です。そうすると実際には何が起きたのでしょうか？　資料を見ても常識で考えても、大規模な強制連行が行われた事実はなかったということです。全部が嘘だったのです。**

誰かがどれだけ日本を憎んでいようとも、関係がありません。嘘は嘘であることに変わりはありません。憎しみは証明ではないのです。この嘘を広める者は皆、北朝鮮、中国、韓国、そして日本と西側諸国の左翼勢力に加担しています。

**韓国、米国、日本の同盟関係を切り崩すようにデザインされたこのプロパガンダを繰り返し広めているメディアは、CNN、BBC、ワシントンポスト、ニューヨークタイムズ、朝日新聞……などです。**あなたは、彼らの垂れ流すこれらの情報を信じるのですか？　彼らの偏向報道をどう見るのですか？

結論：こんな話をしている韓国人は、他人の話の受け売りをしているか単なる臆病者です。誰もその書類の存在に気がついていないようですが、どうかＩＷＧリポートをよく読んでください。もし全部読む時間がないようなら、報告書の中で慰安婦（Comfort Women）を検索して、その部分だけでも注意深く読んでください。

## ◉フェイスブックのパワーで慰安婦のストーリーが崩れ落ちていく

『ウォールストリートジャーナル』や他の報道各紙も、ようやく慰安婦問題の現実に気がつき始めたようです。私へのインタビューとフェイスブックでの情報発信がきっかけとなったのでしょう。

以前は、誰も二〇〇七年のＩＷＧの最終報告書のことを話題にしていませんでした。米国の国立公文書館に埋もれていたそのレポートを、仲間が見つけて教えてくれたのです。私はその内容を精査し、発表しました。

### 明らかになった点

『ニューヨークタイムズ』の記事は、その内容の裏を取ることを怠っています。ただの受け売りにすぎません。売春が強制であったことの証拠として記事で取りあげているのは、元慰安婦とみられる者の証言だけです。他に何の新しい情報もありません。

二〇一四年のはじめ、朝日新聞は吉田清治の「慰安婦を強制的に奴隷とした」という証言を確かめもせず報道してしまったことを謝罪しました。どうやら『ニューヨークタイムズ』は、情報源を確かめるという勤勉さを怠った記事は愚かであり読むに値しない、という事実をいまだに学んでいないようです。

**『ニューヨークタイムズ』が触れていない第一次情報源として、たとえば政府の関係諸機関による、ナチスや日本軍による戦争犯罪に関するＩＷＧ最終報告書をあげることができます。これは二〇〇七年に連邦議会に提出されました。**

**ナチスと帝国日本の戦争犯罪を暴こうという運動のもと、総額三千万ドルもの経費をかけ、総計八百五十万もの書類を調べた結果が一般に公開されることになりました。しかしながら、当時の日本政府や旧日本軍による売春の強要の証拠は何一つ見つけることができませんでした。**ＩＷＧレポートでは、そのような証拠を待ちわびていたとみられるある団体に対して、謝罪まで述べられています。

一九四四年に米国戦争情報局（ＯＷＩ）が発表したレポート49（"Japanese Prisoner of War Interrogation Report No. 49.", UNITED STATES OFFICE OF WAR INFORMATION, Oct. 1944）には、二十人の韓国人慰安婦への聞き取り調査の結果が掲載されています。彼女らは性奴隷ではなく、賃金が支払われていた売春婦であり、日常的に将校ら軍人たちとスポーツイベントや、ピクニック、エンターテイメント、ディナーを共にしていたと書かれています。この第一次情報源では、慰安婦は高給売春婦であることが明確に述べられています。

興味深いことに、最近、韓国に駐留する米国軍の慰安婦であった韓国の女性グループが韓国政府を訴えました。米国のメディアは即座に彼女らは売春婦だとして報道したにもかかわらず、同じ米国のメディアが日本軍の慰安婦の場合は「性奴隷だ」と言い続けています。

**日本軍と米国軍の基地は、それぞれの時期に、それぞれの「慰安婦所」を持っていて娼婦にお金を支払っていたのです。しかしながらとてもおかしなことに、同じ「娼婦」が日本軍にサービスをすると「性奴隷」となってしまうのです。**

そろそろ日本と西洋のメディアは第一次情報源に戻り、真実を報道するときではないでしょうか。

## ◉慰安婦像、豪州ストラスフィールドへ

引き続き「慰安婦物語」について調査するため、シドニーに来ました。中国人と韓国人はシドニー郊外のストラスフィールドに慰安婦像を建てようとしていて、いつものとおりまた面倒を引き起こしています。

友人　いつか行きたいと思うよ。いいところらしいからね。で、何でストラスフィールドなんだ？　慰安婦の物語と何か関係があるのか？

私　それはよい質問ですね。我々もいつも話し合っているんだ。たとえば、なんでニュージャージー州のユニオンシティなのか。中国人や韓国人、日本人もほとんど住んでいないのに。

彼らは、アメリカじゅうのおびただしい数の都市をターゲットにしています。次はカナダ（バーナビー）です。言うまでもなくヨーロッパ、アジアもターゲットです。いくつか

は論理的な選択に見えます（カリフォルニアのグレンデールのように）。

そこには多くの韓国人、中国人、日本人がいます（悲しいことですが、アメリカ在住の多くの日本人自身が「二十万人も誘拐した」などの反日本の巧言《こうげん》を信じていますが、当時そのようなことはありませんでした）。

いずれにしろ、ストラスフィールドを含め、それらの都市には良識ある住民たちがいます。彼らは、自分たちのコミュニティに対してよいことをするために働いています。

一方で、韓国人はストラスフィールドの市議会議員を韓国への豪華旅行に連れ出して丸め込もうとしています。良識ある委員の人たちは、これをトラブルとみています。市長に会おうと連絡を試みましたが、返事はもらっていません。

## ◉情報戦としての慰安婦

二〇一五年、シドニーとストラスフィールドで慰安婦についての調査をしました。

**韓国人と中華人民共和国からの中国人たちは、彼らの憎しみを米国、ドイツ、カナダ、オーストラリアなどに輸出しようとしています。彼らは日本を潰そうとしているのです。**

**中国はこの瞬間も戦艦を造り、人工島を造成しています。**

この旅で二十人ほどの人々と会いました。話をしたのは政府関係者、ストラスフィールドの市民、日本人および現地でオーストラリア人となって住んでいる日本人、ジャーナリスト、その他です。

スケジュールがつまっているので、米国を思い起こさせるこの美しい都市シドニーをゆっくり見学する時間もありません。この地は国際都市です（たくさんの人種がいるに違いありません。そのことが、この都市を非常に興味深いものにしています。この街を運営する上でオーストラリア人は、よい仕事をしています）。すばらしくよく機能している状態にあります。人類共通の利益のために我々が宇宙空間でやっていることよりも、もっと多くの資本を投下しているように見えます。通りの写真を何枚か撮って「これはアメリカだ」と言っても、アメリカ人にとっては「違う国だ」と気がつくことは難しいでしょう。シドニーは、私にカリフォルニアを思い起こさせます。

慰安婦についての話に戻します。悲しい話の続きがあります。グレンデールに慰安婦像が建立されると知って米国に裏切られたと感じ、日本に帰ったり、あるいはこれから日本に帰ろうと考えている日本人がいるらしいのです。

何日か前、二人の日本人男性と四人の日本人女性と夕食を共にしました。皆、何年もオーストラリアに住んでいます。ある夫婦は三十五年もここに住んでいて、オーストラリアとここの住民が好きであると言いました。なかでも一人の婦人は非常に動転していました。日本人があからさまに気を動転させる場面は、あまり見たことがありません。彼女の気持ちは、裏切られた思いと怒りが入り交じったものだったのでしょう。とても感情を害しているようでした。もしもストラスフィールドに慰安婦像が建立されるならば、すべてを売り払って永遠に日本に帰国すると言っていました。

しかし彼女はこの地を終《つい》の住《す》み処《か》と決めていました。本当はオーストラリアにいたいと願っているのです。

テーブルにいた他の女性は、友人である日本人の女性について話してくれました。その友人はグレンデールの近くに三十五年ほど住んでいて米国市民権を持ち、米国を愛していました。しかし、その友人もまたグレンデールの慰安婦像によって米国に裏切られたと感じ、市民権を放棄し、すべてを売り払って日本に帰っていったのです。とても悲しい話です。

その夜、そのことについて何時間も考えてみましたが、いまだに脳裏を離れません。私は彼女にその人（カリフォルニアから日本に帰ってしまった婦人）の連絡先を尋ね、紹介してもらいました。あとで実際に何が起こったのか明らかにしようと思います。

私はオーストラリアに住む南アフリカ人（彼もここでの暮らしが気に入っているそうです）と、ストラスフィールドに住むオーストラリア人と四時間ほど話をしました。

二人とも、慰安婦像がストラスフィールドにもたらす危険性について理解していました。ストラスフィールドに在住のオーストラリア人は、アルメニア人たちはトルコでのアルメニア人虐殺論争のいかんにかかわらず、それにまつわる像を二つも建てたと言いました。おかげで殺しの脅しや警察の介入といった多くのトラブルが生み出されてしまったそうです。とんでもないことです！

アメリカが、アルメニア人とトルコ人たちの戦地のようになることを我々は望んではいません。撃ち合いや爆弾を連想するのは容易です。ストラスフィールドの住人は、密《ひそ》かにトラブルが準備されていることに気づいてきました。

米国とオーストラリアにおける公共の建物には、そのような暴力を煽動する像など必要ありません！　韓国人とアルメニア人は、諍《いさか》いをもたらす像など母国に持ち帰ってください。我々に関わらないでください。韓国人にとってこれはすでにバックファイヤとなって自らに降りかかっています。

**韓国が日本を非難するということは、自国やベトナムなどでのおびただしい数の戦争犯罪を想起させます。今日でも、売春婦ビジネスは韓国のGDPの四パーセントを占めます。売春は韓国では巨大ビジネスです。売春婦は韓国の巨大輸出産業でもあります。**

韓国では、かなり年配の売春婦も通りで商売をしています（隠すことはできません）。にもかかわらず世界中に慰安婦像を建立しようとしています。

韓国は中国の操り人形のようです。北京の道具となっています。北京は韓国を「働く犬」として使い、日本を攻撃するように訓練したのでしょう。もしも北京が「座れ！」と言えば韓国は座るでしょう。北京が日本を指させば、韓国は日本を攻撃するでしょう。

韓国の朴前大統領は、とんでもない偽善者としての才能に溢れていました。彼女は韓国という売春宿を管理しつつ、第二次大戦について哀れっぽく泣いて大嘘をついていました。彼女の父（昔の韓国大統領でもあった）は、かつて日本軍の将校でした。

慰安婦についての最も悲しい点は、それらの像の建立が、日本人に対する我々（アメリカ人）の裏切りと思われてしまうことです。オーストラリア人も同じことになろうとしています。

しかし実際には、大多数のアメリカ人は慰安婦について何も知らないし、大多数のオーストラリア人も慰安婦について何も知らないことは明らかです。

**これは中国によって推進されている戦略的パワープレイです。中国による巨大な情報戦を一つ一つ調べていくとき、そこには小さな部品の一つとして慰安婦像が見えてきます。**

二〇一五年、それら慰安婦像に関わった人物が、我々のマーク・リッパート（Mark Lippert）駐韓米国大使を殺害しようとしました。この男（キム・キジョン、金基宗、Kim Ki-Jong）は、日本の大使も襲っています。ソウルの日本大使館に面したところにある慰安婦像の横で、彼が祝っている写真もあります。彼は韓国の共産主義者です。

**情報戦争を仕掛ける野獣のもう一つの武器は、沖縄駐留米軍への反対行動です。彼らは目的を達するために環境保護グループを装っています。彼らもまた北京から放たれたモンスターです。**

これは直接米国に関連した重要事項ですが、彼らはハワイでも問題を起こそうとしています。その意味で、北京は我々と戦争しているのです。北京は太平洋と南シナ海、それ以上を自国領土にしたいのです。それらは人権とは何の関係もありません。彼らは単に戦略的にお先棒をかついでいるのです。

中国は、ストラスフィールドをものにしようとしています。慰安婦像の建立は人々の心に痛みしかもたらしません。

私がオーストラリアに行ったのは、中国の情報戦略を止めることを助けるためです。台湾、カリフォルニア、カナダ、その他に飛びますが、我々は、我々の同盟者にいろいろな情報を与えなければいけません。

そうすれば彼ら自身の決断ができるし、その地の状況を教えてもらうこともできます。

## ◉慰安婦像、米国ジョージアへ

韓国の性奴隷詐欺が米国のジョージア州にもやってきました。詐欺師たちは、ジョージア州にも慰安婦像を建てようと目論んでいます。暴力がついてまわる慰安婦像を建てたら、その土地の価格がどうなるのか、とても興味深いところです。

慰安婦像推進派の韓国人は、米国のリッパート大使を暗殺しようとし、顔に切りつけました。我々もまた、慰安婦像推進派グループから同じようなことをされています。ジョージアの詐欺師についての記事にコメントした直後、「お前を殺してやる」と脅迫を受けました。すぐにFBIのサイバー犯罪課に通報しました。米国大使の暗殺未遂《みすい》を起こした犯人は十二年の実刑判決を受けました。この男は以前日本の大使も襲っていて、そのため韓国では英雄扱いされています。

## 【記事に対して投稿した私のコメント】

売春について文句を言っている韓国人は、キムチについて文句を言っているのと同じです。韓国はフラットスクリーンテレビの生産と売春婦で有名になりました。韓国人売春婦はヨーロッパ、豪州、日本、米国に溢れています。ソウルに行けば（さらなる調査のため再訪する予定です）、街角で春を鬻《ひさ》いでいる（売春している）祖母のような元慰安婦に会えます。

この記事についての私のコメントは検閲されていますが、検閲ごときで私を黙らせようとしても無理です。私はすでにSNSメディアなど、もっと影響力の大きい場所に意見を投稿しました。

このスレッドにコメントした直後、「お前を殺す」という殺人予告のメールを受け取りました。韓国発の性奴隷詐欺についてコメントするとよくあることです。慰安婦像の支援者の一人、キム・キジョンという男は、在韓日本大使を殺そうとし、在韓米国大使マーク・リッパートを殺そうとして、彼の顔を酷《ひど》く傷つけたのです。ためしにKim Ki-jongについてWEBを検索してみてください。ソウルで彼が慰安婦像の隣に立っている写真が見つかるでしょう。**慰安婦像の建立は暴力を肯定することです。**

私はカリフォルニアのグレンデール、ソウル、済州島《チェジュ》、オーストラリアに赴《おもむ》いて、自分の目で各地の像や碑を見てきました。性奴隷騒動は反米工作活動であり、性奴隷の話は捏造《ねつぞう》されたものです。

あなたの町に慰安婦像を持ち込ませてはいけません。土地の評価額は下落し、暴力沙汰《ざた》も起きるでしょう。気をつけてください。すでに私は「殺してやる」との脅迫を受けています。

## ◉〝どうか暴力はやめてください〟

以下はオーストラリア在住の日本人グループからのメッセージです（元慰安婦支援の財団が発足し、反対派の韓国系学生らが騒ぎを起こしていた。それに対しての日本人グループからのメッセージ）。

【日本人グループからのメッセージ】

暴力に訴えようとしている韓国人の皆さん、どうか落ち着いてください。

日韓政府間の慰安婦問題合意に抗議している韓国の学生の皆さん、あなた方がソウルで暴力的な反対運動をしている映像をユーチューブに投稿したことを知りました。もちろん言論の自由は尊重しますが、どうか暴力はやめてください。慰安婦のほとんどが日韓政府双方の努力を歓迎している事実を知ってのことでしょうか。

**この件も、いつものように騒ぎを起こしているのは韓国挺身《ていしん》隊問題対策協議会（挺対協：Chon Dae Hyup）関係者だけです。韓国の学校で教えられている歴史は、実際**

の事実とは大きく異なります。もしも「慰安婦への同情から情熱的に行動しているのだ」と言うのなら、韓国軍によって性的暴行をされたベトナム人女性に韓国政府が謝罪するよう働きかける運動も必要でしょう。

何よりも、その攻撃的な振る舞いをオーストラリアに持ち込まないでいただきたい。我々はそのことと関係がないし、他の民族グループと平和に共存して暮らしています。我々の生活を乱す権利はあなた方にはないはずです。もしも自分の怒りをおさえることができないのならば韓国内に留まり、また元慰安婦を本当に助けたいのなら、韓国で彼女らの手助けをしていればいいのです。ここではさまざまな民族が、オーストラリアの習慣と価値観を共有して暮らしているのです。この地を住処と定めたのならば、故国のイザコザを持ち込んではなりません。

## ◉米国の捏造された歴史教科書

マグロウヒルは、捏造《ねつぞう》された歴史が記載されている教科書を出版しました。捏造情報のほとんどが中国製です。状況を分析している我々には、その背景がよくわかります。これ

**は中国のプロパガンダの一環です。その主要な目的は日本と米国、あるいは他の同盟国との関係に軋轢《あつれき》をもたらすことです。**

中国は、米国やヨーロッパその他の大学に無償で中国語を教える教員を配置し、さらにアメリカ人を「交換プログラム」によって中国に招待することで懐柔《かいじゅう》し、プロパガンダの目的を果たしつつあります。

中華人民共和国は気前よく「学びの機会」を提供していますが、そこでは彼らにとって「都合のよい歴史」のみを教えています。チベット弾圧や毛沢東の大量殺戮《さつりく》などについてはいっさい触れません。

**中国はアメリカの教育機関へ無償資金（本当は無償というものはないのですが）を提供しています。中国の情報操作の要は、教科書に何を紛れ込ませて何を削除するかについて画策することです。**

慰安婦について誤った情報が記述されているとされるマグロウヒルの教科書の資料を受け取りました。

そこに記載されていることは、作り話でした。したがって教科書自体の信憑性もかなり疑わしいと言わざるをえません。米国における進歩的な弁護士だったら、マグロウヒルに対して、「慰安婦のくだりの客観的な証拠を示すように」とか、あるいは「こんなに高額な本を売るのだったら、まともな歴史家が見たときにすぐに作り話が含まれているとわかるようにする義務がある」と要求してくることは容易に想像がつきます。

誤りがあるのに、あるいは誤りがあると知るべきなのに、あたかも真実であるかのように宣伝して本を売ることは言論の自由ではありません。弁護士でしたらこれを不正行為、または背任行為と呼ぶでしょう。あるいはもっと強い言葉で非難するかもしれません。

マグロウヒルの名声が危機にさらされています。先般、日本の朝日新聞は同様の記事を記載した件で訴えられました。客観的証拠を見つけることができない限り、危険は避けるものです。何十年もかけて探しても誰も見つけることができませんでした。米国政府も三十億円もかけて調査し、この件に関して何も見つけることができませんでした（連邦議会へのＩＷＧ最終報告書二〇〇七年）。

## ◉タイの年長者たちの記憶

タイで慰安婦について調査をしたところ、韓国人と中国人たちのあるグループが、第二次大戦中にタイの女性たちが日本兵にさらわれて性奴隷に仕立てられたと言っています。カリフォルニア・グレンデールにある慰安婦像のプレートには、被害にあった国としてタイ国の名前もリストされています（私は現地を訪れてこの目で見ました）。

タイの老人たちやそのご両親から、第二次大戦中の古い話について聞いて歩きました。私も、同じようなことを調べている他の者も、性奴隷についての証拠を一つも見つけることができませんでした。

一方で、旧日本軍とタイ人はごく普通の売春宿を経営していた証拠はあります（今でも慰安婦は世界中に存在します。正確には「売春婦」と呼びます）。

ある晩、二人のタイ人の年長者（一九四一年生まれと一九四六年生まれ）とディナーを共にしました。彼らのご両親も、性奴隷の話など聞いたことがないそうです。実は戦時中の性奴隷のことで日本を非難する声があるのだと伝えると、老年のタイ人たちは一様に驚きます。そんなこと聞いたことないからです。

私の言葉を信じなくてもかまいません。もしもタイに行くことがあったら、その滞在地でお年寄りの感想を聞いてみてください。出会ったご老人たちに日本が第二次大戦中どうであったか、今の日本をどう思うかについてぜひ聞いてみてください。

第二次大戦中、多くの韓国人が日本軍の兵士であったことは覚えておく必要があります。第二次大戦中からベトナム戦争にかけて、韓国人兵士の評判は非常に悪いものでした。最悪でした。

ほとんどの場合、米兵の評判（私はヨーロッパで六年過ごしましたし、ドイツ語も話します）はよいものでした。私は、米軍が戦ったり、基地を設けたりしている国を訪れたときには、現地での米兵の評判を聞くようにしています。全体として評判はとてもよいです。もちろん、なかにはよからぬことを企《たくら》む輩《やから》もいます。しかしそのような者は、米国本土の基地にもいます。

若い兵士＋高濃度なテストステロン＋ポケットにお金＝トラブルです。

ほとんどの兵士はいいやつらです。しかし、ほんのわずかなパーセンテージの兵士たちがニュースのヘッドラインを飾ります。覚えておいてください。前世代の米軍兵士はレイプに関わった米軍兵士を処刑できました。日本は戦争当時レイプをした自国の兵士を処刑しました。韓国は……これはまた別な話です。

数年前まで、韓国の法廷では酔っぱらっていたことがレイプの言い訳として通用していました。実際、そうだったのです。韓国の男性は罪を軽くするために、アルコールを飲んでいたことを理由にできました。米軍で同じことをしたら、曲射砲の襲撃のような大反撃を受けるでしょう。米兵にとって、酔っぱらっていたことはなんの言い訳にもなりません。それどころか法的にさらに悪い状況に陥るだけです。

米兵のよい評判を貶《おとし》める事件は、個々の米兵によるレイプのような犯罪です。日本でも米兵が同じような問題を起こしました。限られた数ですが確かにレイプ事件はあります。我々はこれを事実として知っています。しかし旧日本軍による集団性奴隷とか、米軍が指揮してレイプするなどの考えは、ばかばかしくて話になりません。

私は、これが正しいことを裏づけるための調査を続けます。どんな話も聞くつもりですし、どんな証拠も確かめるつもりです。

それにしても、性奴隷などの件を証拠立てるものが皆無なことについては唖然《あぜん》とさせられます。

## ◉中国が仕掛ける情報戦

イグナチウス・ディングによるワシントンポストへの投稿記事「日本の戦争犯罪のもみ

消しを許すな」(“Don't validate a cover-up of war crimes”, The Washington Post, Letters to the Editor, by Ignatius Y. Ding, Mar. 27, 2015)を受けて。

第二次大戦中の性奴隷についての中国の嘘を、激しく非難します。二十万人もがさらわれて性奴隷にされたなどというフィクションは、嘘だと証明されています。

**添付の投稿記事を書いたイグナチウス・ディング(Ignatius Ding)は、中国の情報戦争の部隊グローバルアライアンス(世界抗日戦争史実維護連合会:Global Alliance for Preserving the History of WW II in Asia)のボスです。グローバルアライアンスは、世界各地に慰安婦像を建立することに直接手を貸したり、このような記事を米国の出版社に投稿するなど、中国が仕掛ける情報戦の背後にいる組織です。**

グローバルアライアンスは、アイリス・チャン(Iris Chang)とも深い関係があります。彼女は、『ザ・レイプ・オブ・南京(The Rape of Nanking)』の著者で、のちに銃で自殺しました。

カリフォルニアでの慰安婦像に関する訴訟を調べていたとき、たまたまグローバルアライアンスが法廷に意見書を提出していた事実を見つけました。

日本と同盟国に対するこの種の情報戦では、常にグローバルアライアンスが関わっています。ＩＷＧ最終報告書にもグローバルアライアンスについての言及がありますが、その報告書には、一般に流布されているような性奴隷に関する証拠を何も見つけることができなかったと記載されています。

**グローバルアライアンスは、日本と米国に対して米国内から情報戦を仕掛けています。**ディングは米国内にいながらにしてこの情報戦を指揮しています。

## ◉嘘の天才・中国

過去数十年、中国は日本に対しての情報戦を仕掛けてきました。やがて中国は米国をターゲットにするにちがいないと、二〇一四年に私は書きましたが、どうやらそれが始まりました。「七三一部隊（関東軍防疫給水部本部：満州第七三一部隊。石井四郎隊長の名前から「石井部隊」とも呼ばれる）による残虐な戦争犯罪に関する博物館のオープンと、米国による隠蔽《いんぺい》」と題する記事が『ニューヨークタイムズ』に掲載されています。

質問　マイケル、七三一部隊のことを否定するのか？　それとも単に米国がそれを隠蔽したと言いたいのか？

私　情報源を調べるべきだと言っているのです。今回のそれは嘘つき中国です。動機も調べるべきです。**常に情報源と動機に注意を払うべきです。**常に。例外はありません。

**中国は、膨大な資源と時間を性奴隷のペテンにつぎ込んできましたが、それは嘘だと証明されています。これは彼らのやり口です。彼らは手始めにミュージアムを建設します。次いで、あちこちからかき集めてきた適当な写真を展示します。それもあたりかまわずそこらじゅうに。**

**しかしながら観客は、それが嘘の写真かどうかなんてことには興味がありません。最後にもっともらしい作り話をそえる……。まったく、嘘の天才です。**

## ◉中国のエージェントだったアイリス・チャン

以前私は、「チャンは中華人民共和国のエージェントである」と述べました。グローバルアライアンスは、日本に対する憎しみの感情をあおるためにアイリス・チャンを利用しました。

自らの口に銃口を入れて発砲する最期のときまで、チャンは中国が仕掛ける情報戦争のエージェントでした。このことは自由の女神がそこにあることと同様に、明々白々な事実です。数時間WEBで調べただけで、チャンとグローバルアライアンスの強い結びつきを示す証拠はいくらでも見いだすことができます。

チャンは、グローバルアライアンスに雇われていたことを別に隠したりしてはいません。

## 【アイリス・チャンの言葉】

それは非常につらい経験でした。一九九四年に開催された世界抗日戦争史実維護連合会のカンファレンスに参加しました。

カンファレンスホールでは、斬首された死体やレイプされたあとで手足を切断された女性の写真がいたるところに張り出されていました。私は衝撃を受けてしまいました。

国立公文書館とエール大学のディバイニティ・スクール図書館での調査で、日本軍の残忍な振る舞いについての一文を読んだとき、そのページから目をそらさなければならなくなりました……。でもすぐにそのような気持ちにはならなくなりました。人はなんて簡単に残虐さになれてしまうのかということに、本当にぞっとしました。

繊細すぎると言われるかもしれません。しかし残虐さを目の当たりにして、それに対処し、なんとか精神的に持ちこたえるためには、そうするしかなかったのです。それらの残虐性を受け入れてなんとも感じないようになるのは、とても簡単でした。これらの経験から私は、人は簡単に残虐さに鈍感になれるということと、悪の本質についての洞察を学びました（"Breaking the Silence" Metroactive.com Dec. 12-18, 1996より）。

私はアイリス・チャンの秘密をあばく記事を書きましたが、それについてダグ・エリオット（Doug Elliot：米国の作家、自然愛好家）が私にメールを送ってきました。

**【ダグ・エリオットのメール】**

あなたは、今は亡きアイリス・チャンと、彼女の受賞作品『ザ・レイプ・オブ・南京』を「著者は中国系アメリカ人で、精神的に病気です。彼女は拳銃自殺しました」

と書きました。このすばらしいアメリカ人の著者が中国系であることに、何の問題があるというのでしょう。それとも人種差別的な偏見に基づいて彼女の歴史認識について疑うように我々を誘導しようとしているのですか？

ついでですが、その本は一九九七年に出版されました。私は一九九八年の三月にアイリス・チャンに会い、彼女が良識があり聡明で美しく、チャーミングであることに感銘を受けました。

彼女の講演のあとで日本人学生が立ち上がり、こみ上げてくる感情に声をつまらせながら言いました。「私たちの祖先が恥ずかしい」と。チャンは同情の念を持って彼女に、「祖先を恥ずかしく思ってほしいわけではなく、真実を受け入れ、二度とこのようなことが起こらないようにしてほしいのです」と言いました。

彼女は当時まったく正気でしたし、それから何年か後に彼女に会ったときも完全に正気でした。彼女の精神的な病気は、バターン死の行進の生き残りにインタビューをしたときに発症したものです。二〇〇四年の十一月に悲劇的な自殺を遂げます。彼女は私が会ったなかでもとてもすばらしい人です。なのにあなたは、非常に尊敬されている彼女の仕事を攻撃するために彼女を非難しています。とても悲しいことです。

## 【私からのエリオットへの返事】

はっきりさせておきましょう。一度会っただけで彼女が正気であるとテストしたと言っているのですか？　それともあなたは何年も彼女をよく知る人と知り合いなのですか？

彼女の、日本人に対する人種差別は別に隠されたものではありません。彼女は美しかったとあなたは言いましたが、それは人種差別というよりも性差別を暗示させるものです。美しいと言うことと信頼性がどう関係あるのですか。彼女は美しいでしょう、それは疑いない。だからこそ、日本に対するあからさまな嫌悪の感情を巻き起こすために、彼女は利用されたのです。

あなたは「日本人学生が立ち上がり、こみ上げてくる感情に声をつまらせながら言いました。『私たちの祖先が恥ずかしい』」と書きました。その「日本人学生」が仕込まれた学生だということを考えなかったのですか？　中国人はこの点について非常に巧妙です。

アイリス・チャンはグローバルアライアンスの操り人形です。日本を狙った中国の情報戦兵器です。チャンは中国のエージェントであり、広報役で、そのことをまったく隠していませんでした。「SFGATE」（一九九八年七月二十六日）の記事より引用します。

〈チャンの問題点は、日本での調査をしなかったことにある。そのため、現代日本における戦争のとらえ方についての彼女の描写は、批判に耐えることはできないものであった。もう一つの問題は、彼女が活動家なのか歴史家なのか疑問視されたことだ。会場に彼女が現れると、決まって中国人と中国系米国人のグループの代表者がリーフレットを配り始める。グループの中には、彼女の本のネタとなった写真が展示されていたクパチーノでのカンファレンスのスポンサーでもある、グローバルアライアンスのメンバーもいた。

「多くの人が私を著者としてだけではなく、生まれつつある大きなムーブメントのリーダーとして見ている」とチャンは言った。イリノイ大学でジャーナリズムを専攻し、一九八九年に卒業してからシカゴトリビューン紙やアソシエイトプレス紙のレポーターとして短期間働き、一九九〇年にジョンズホプキンス大学の修士課程に入学した。

彼女は自分自身を依然として「著者」であると考えていたが、大きな社会的なムーブメントの中で、正されていない歴史への怒りについての気持ちを人々と共有していたことを認めている〉

彼女がバターンの生き残りにインタビューをしたせいで急に正気を失ったのだと言うのでしたら（ただのインタビューで自殺したと言うのでしたら）、この中国人エージェントは私が目にするような文章を一行も書けなかったことでしょう。

あなたの言っていることが意味していることはこうです（今ここに書きます）。

彼女はバターンの生き残りが受けた厳しい試練の話を聞くことに耐えきれないほど弱かった、と言っているのです。酷い話を聞くことで、拳銃をくわえて自殺しなければならなかったほど弱い人間の言葉を、誰が信じるというのでしょうか？　それが普通だとしたら我々は皆死んでいます。我々は酷い話をいっぱい聞きます。酷い話と共に生きていく人もいっぱいいます。にもかかわらず我々は嫌悪せずに生きていけるし、他人を愛することもできます。

拳銃をくわえて自殺することによって、話に疑いが増すというよりも信憑性が増すと考えることは正気の沙汰ではありません。彼女は著者として不適格で正気ではなく、銃で自殺しました。彼女は美しかったとしても、また非常に知的であったとしても、日本人に対しては偏見を持っていて、歴史（history）ではなく嫌悪（hatred）を生み出す工場と化していたのです。

嫌悪の情は人の精神を異常にします。嫌悪は、するほうとされるほうの両方に痛みをもたらします。嫌悪の情は痛みだけをもたらすのです。アイリス・チャンは痛みで病んでいました。彼女が拳銃をくわえる前に書いたノートを見てみてください。酷い言葉ばかりが並んでいます。チャンの嫌悪の情は彼女が書いた著作に残りました。今、彼女の魂はおだやかでしょう。誇りを取り戻した日本は、米国のパートナーとして我々と肩を並べるのです。

## ◉ソウル日本大使館前の慰安婦像

二〇一六年、日本大使館前の慰安婦像の脇で活動家が泊まり込みをしていました。三カ月以上も交代で寝泊まりです。日本と韓国を分断するこの問題に蓋《ふた》をするために、二〇一五年の十二月下旬、日本の安倍首相が韓国の朴《パク》前大統領と取引をしました。手に負えなくなってきた「慰安婦」の件を終わらせるために、米国も圧力をかけました。

慰安婦像のそばでたむろする活動家たちは、危険な共産主義グループとして知られる挺対協（韓国挺身隊問題対策協議会、"The Korean Council for the Women Drafted for Military Sexual Slavery by Japan" or "Chong dae Hyup"）のメンバーか関係者でしょう。

二〇一五年、挺対協の支援者が、韓国駐在の米国大使の顔に切りつけました。以前、日本の駐韓大使を襲ったのと同じ人物です（73ページ参照）。その男は、襲撃を実行したことで多くの支援と寄付金を集めることができました。

**慰安婦像は憎悪をかき立てるようにつくられています。さまざまな団体が、この慰安婦像を利用しています。日本から金を絞り取るために利用している団体もあります。フェミニストは、フェミニストの目的を達成するために利用しています。中国は、日本・韓国・米国ばかりか、その他の国々との関係にも摩擦を起こすために利用しています。**

金儲《もう》けの道具に利用して寄付金を募っています。総額は知られていませんが、潤沢《じゅんたく》な財源となっていることは確かです。

およそ十の韓国のNGO団体が慰安婦像に関与していると、寄付金集めにどっぷり浸か

韓国ソウルの慰安婦像とビニールシートで雨から身を守る活動家

ったあるNGOが教えてくれました。世界のあちこちにひょっこり現れる「慰安婦像」は、まるで小さなフランチャイズチェーン店のようです。たとえば、私が訪れたことのあるグレンデール市の像も寄付金集めに使われています。

ソウルの慰安婦像の隣で聞いた説明は、グレンデールの慰安婦像の横でフィリス・キム（Phyllis Kimカリフォルニアの KAFC：韓国米国フォーラム幹部）が説明していたのとまったく同じ内容でした。当時、フィリス・キムは、日本の共産党新聞『赤旗』に掲載された旅行代理店の広告に応募してやってきた日本共産党員に、その説明をしていたのです。

なぜそのことを知っているかというと、我々の調査員が共産党グループの隣にいて、彼らの会話を聴いていたからです。

二〇一五年十二月の日韓合意のあと、挺対協は、韓国政府が像を撤去して彼らの「商売」を台なしにしてしまうのを恐れて、毎日、泊まり込んで見張っているのでしょう。

実際、朴《パク》前大統領は日本叩きをしてきましたが、挺身隊とその関係団体は彼女の政敵です。朴前大統領は日本叩きを楽しんでいたようですが、それはすなわち自分の政敵を応援していたことになります。政治の世界は魑魅魍魎《ちみもうりょう》です。今夜は雨が降りそうですが、この冷たい雨の中で支援者は眠るのでしょうか。

## ◉韓国のナヌムの家とフッカーズヒル

我々に対して仕掛けられている巨大な情報戦争という観点から、「慰安婦」の件を引き続き調査しています。

二〇一六年、私は韓国の十人の「慰安婦」が共同で住んでいるナヌムの家（かつて日本軍の慰安婦であったと主張する韓国人女性数名と日韓のボランティアスタッフが共同生活を送っている施設）を訪れました。これはまったくの道化芝居です。

ナヌムの家は、大金を稼ぎ出す道具であるとともに、情報戦争の武器となっています。

昨晩、英国人のジャーナリストとフッカーズヒル（韓国の風俗街。直訳＝娼婦の丘）に行ってきました。驚いたことに、どこもかしこも売春婦だらけでした。

一方、アメリカのいわゆるフェミニスト組織は、時をさかのぼって第二次大戦中の日本の慰安婦制度を、「日本軍が女性を性奴隷にした」という神話に作り変えるのに血道《ちみち》をあげています。

もしもフェミニストたちが本当に女性のことを心配して、自分たちに金が入らなくても

フッカーズヒルにて

フッカーズヒルをパトロール中の米軍憲兵隊

いいのだったら、今現在の、この状況に焦点をあてているはずです。

フッカーズヒルで写真を撮りました。兵士たちは真夜中までには退去すべしと命じられているので、まだ残っている兵士がいないか米軍憲兵隊がパトロールしていました。

## ◉慰安婦のペテンは続く

**「慰安婦問題」は壮大な詐欺《さぎ》事件です。**私はこの問題を調査するために十一カ国を訪れました。

ほとんどのジャーナリストと、いわゆる歴史家たちがこの詐欺に引っかかっています。私は日本人ではありません。フロリダで生まれ育ち、ワニ狩りなどをする環境にありました。**陸軍で働いたあと、ライターとして戦地からさまざまな戦争や紛争を報道した体験から、嘘やごまかしにはすぐにピンときます。**

**当時、慰安婦制度があったことは事実であり、誰もそれを否定しません。アメリカ軍も、たとえば基地のあるハワイのホテル通り、それから韓国や他の地域でもそういう制度を利用しています。しかし二十万人から四十万人もの女性が拉致された、などというのは韓国**

**人と中国人の大嘘です。**

**さまざまな人がそれぞれの理由で、慰安婦についての嘘をついています。韓国人の場合は心の奥底にある日本人への敵意が動機でしょう。中国人も同様です。「フェミニスト」も慰安婦について嘘を言っています。**

私は各国、特に韓国で多くのフェミニストに会いましたから、このことについて何日でも語ることができます。

慰安婦問題は、おいしい商売になるという側面もあります。韓国で慰安婦像製作者の夫婦に会ったのは、ソウルの日本大使館のそばにある慰安婦像の、すぐ隣にあるホテルでした。

慰安婦像一体あたりの価格はおよそ三万ドルで、これまでにおよそ三十体製作したということでした。当時も、さらに販売を広げようという勢いで慰安婦像をつくっていました。私のオフィスには、彼らからプレゼントされた小さなプラスチック製の慰安婦像が鎮座しています。

たとえば、カリフォルニア州グレンデール市の図書館脇にある慰安婦像も、寄付金集めに使われています。像を購入した団体は、それをネタに地元で寄付金を集めることができます。挺対協などの組織も像を利用して寄付をかき集めています。

私はソウルにある、挺対協の非常に立派なオフィスで彼らを取材しました。国際人権NGOのアムネスティ・インターナショナルも、挺対協と同じように慰安婦をネタにして寄付を集めています。その現場をソウルで撮影しました（217ページ参照）。

戦略的利用といえば、**中国は慰安婦問題を利用して、韓国・米国・日本の重要な同盟関係を分断しようとしています。また中国は、日本人に憲法九条の問題で恐怖心をあおり、日本人同士で摩擦を起こす工作をしています。**

日本についての悪口以外、誰も中国政府の言うことを信用していませんが、その悪口を信じるアメリカ人は、中国が仕掛けた生き餌《え》を丸呑みして釣られているようなものです。

アメリカ軍兵士も慰安婦を利用したのですが、その行為を理由に、米国政府が訴えられるであろうことを我々の調査チームは予見しています。その日が近づいていることを示す十分な証拠があります。

## ◉作り話には裏がある

いい知らせです。我々の仲間が、我々調査チーム宛てにメールを送ってくれました。

**【仲間からのメール】**（二〇一七年九月）

少しお時間をいただいて、現在の状況について情報を共有したいと思います。

三年前、慰安婦に関するこの種の記事は英語圏では絶対に日の目を見ることはありませんでした。ほそぼそと活動していたグループ以外で、多くの人々の注目を集めるために、特に地政学的な観点からこの件を話すことは、当時、マイケルを除いては誰もいませんでした。

我々は二件の記事を目にしました。三年前にマイケルが言ったことと同じことを記事に書いています。二〇一四年、マイケルが古森義久氏、櫻井よしこ氏、その他数名の日本人たちと懇談していたときとまったく同じことを述べています。

マイケルはこの件についての投稿を続け、電子メールや会話において警鐘を鳴らし続けてくれました。おかげで状況が変わりつつあります。

これを見てください。ＦＯＸ（"Japan vs US: No, Japan is not 'killing' us, we're killing Japan, our staunchest Asian ally", by James K. Glassman, FOX NEWS, May 10, 2016）も、ＣＮＮ（"Don't let North Korea exploit 'comfort women' issue", by Norm Coleman, CNN Mar. 31, 2016）も同じようなテーマで記事をポストしているではありませんか（神よ感謝します！）。

左も右も、どちらの主義であろうと、日本兵によって二十万人もが性奴隷としてさらわれたなどとの作り話には裏があることに気がついたのです。

三年前は、四十万人もさらわれたと言われていました。

1．「四十万人がさらわれた」から「二十万人がさらわれた」、あるいは「強要された」と話が変わってきた。

2．話には裏があり、これは人権侵害を訴えるためなどではない。特別な目的のため、すなわち人々を分断させるために裏で北朝鮮と中国が手を引いている。

皆さんのおかげです。特にマイケル、丘の上に最初に旗を打ち立て仲間の騎兵隊が到着し始めるまで火をともし続けてくれてありがとう。

ＣＮＮのコールマンもＦＯＸ ＮＥＷＳのグラスマンも、非常にまじめな記者です。

彼らに続いてもっと多くの仲間がこの丘にやってくるでしょう。

## ◉韓国人売春婦がトランプ大統領にハグを迫る演出

**二〇一七年、トランプ大統領のソウル訪問の際に、第二次大戦時の慰安婦とされる老女が、トランプ大統領に抱擁をせがむために晩餐《ばんさん》会に招待されていました。このペテンは文《ムン》在寅《ジェイン》大統領が自ら演出していて、カメラマンが撮りやすいように監督さえしています。**ことあるごとに使うための宣伝写真を撮影するためです。すでにこの写真は世界中に発信されています。

**韓国人は、米国大統領訪問を慰安婦のペテンを広める絶好のチャンスと捉《とら》えて利用しました。下劣きわまりない行為です。**

このニュースがテレビで報道されたあと、私はアーチー宮本氏からメールを受け取りました。彼は我々調査班の重要メンバーです。アーチー氏は、米国陸軍パイロットの退役軍人および情報士官です。朝鮮戦争で二度従軍し、ベトナム戦争でも二度従軍しています。陸軍を退役後はビジネスの世界に転身しました。

その後、アーチー宮本氏は『戦時中における慰安婦に関する米軍の記録』というすばらしい本を著しました。慰安婦問題に関わるジャーナリストと研究者は、自分の調査が信頼に値すると評価されたかったら、まずこの本を読むべきです。

メールは、アーチー氏がソウルの晩餐会で文在寅大統領が、慰安婦を主人公にしてトランプ大統領との写真を撮らせる場面を見たというもので、以下がその内容です。

**【アーチー氏からのメール】**

**この老女の経歴を精査すれば、韓国は面目を失うだろう。**

彼女は八十八歳。日本軍の慰安婦だったにしては若すぎる。一九四三年までにいくつかの地域から慰安婦は帰国している。ミッドウェー海戦は一九四二年半ばだ。したがって一九四三年に慰安婦になったなら、彼女は満州または中国に送られたはずだ。**彼女の話が事実かどうか、調べればわかることだ。**もっとも誰も興味を持たないだろうが。

米軍の第四十九調査報告書によると、一九四二年に七百人ほどの慰安婦がビルマに送られたのが最後で、それ以後はゼロである（私＝マイケル・ヨンもそのレポートを読みました。彼女らは売春婦であるとはっきり書かれています）。

一九四四年、日本本土への空襲が始まり、一九四五年、日本は生き残るために必死で戦っていた。彼女は朝鮮戦争時に何をやっていたのだろうか？

国賓《こくひん》をもてなすにあたり、儀礼を欠いたことについては言及しないが、**トランプ大統領に抱きついたかつての慰安婦を名乗る李容洙（Lee Yong-soo）は、韓国にとっての恥となるだろう。慰安婦になった当時の状況を語った彼女の証言は矛盾だらけだ。**

証言によると、一九四四年に船での移送が危険であったにもかかわらず、台湾の特攻隊基地に彼女は送り込まれたそうだ。だとすると、なぜ日本軍がそんなことをする必要があったのか、という別の疑問もわいてくる。

彼女の言うとおり日本軍が敗戦濃厚で必死なときに、朝鮮で女性を拉致して台湾の慰安所に送り込むなど矛盾している。当時日本であった台湾には、女性がたくさんいた。

**答えは明白だ。米軍の第四十九調査報告書には慰安婦は売春婦であるとはっきり書**

かれている。

その後、我々調査班の別のメンバーからも以下のメールが来た。

【別のメンバーからのメール】

彼女は台湾で慰安婦をしていたと証言している。このことについてSarah Soh（サンフランシスコ州立大学の人類学教授）が、彼女の著書の中でどう書いているかもっと調べてみるつもりだが、この老婦人の「性奴隷」の信憑性を根本から覆《くつがえ》しているのは、亡くなった神風パイロットの魂と一九九八年に結婚の儀式をした、という発言だ。

彼女の証言には矛盾が多すぎて、とても真面目には聞いていられない。

## ◉安倍首相の友好外交に効果はあるのか？

【「THE DIPLOMAT」の記事（“Abe’s Charm Offensive-Is There a Second Act ?”, THE DIPLOMAT, Mar. 23, 2018）から】

安倍首相の友好外交——第二幕はあるのか？　日本の首相は近隣諸国およびその他遠隔地の諸国との外交に熱心である——だが、それは効果があるのか？

**中国、北朝鮮、韓国は、長年にわたって日本と諸国との関係をぶちこわそうとしてきました。中国の最終ターゲットは米国です。中国の目的は、中国の領土拡張にあります。**

北朝鮮の究極の目標は韓国です。韓国の究極の目標は非現実的です。もしも韓国の国民が、南北統一がスムーズに実現されると考えているならば、それは誤りです。韓国について言えば、これは究極的には自殺行為です。

**韓国政府と韓国の国民は感情的で、誤った歴史認識に基づいて決定しようとしています。韓国人に、韓国が日本であった時代について聞いてみてください。ほぼ全員が「日本占領下では……」と言うでしょう。日本は朝鮮を占領したことはありません。一九一〇年、朝鮮は同意の下、日本に併合されました。**このことを尋ねてみてください。

一九一〇年から一九四五年にかけて、彼らは日本人であって、その多くが日本軍に志願し入隊していたことを語る韓国人は皆無でしょう。将校になる者も多くいました。

当時、日本兵であった朝鮮人に多くの囚人が拷問《ごうもん》にかけられました。韓国人に一九一〇年から一九四五年にかけての日本の「占領」について尋ねてみてください。実際、どうやって日本と朝鮮が併合したのか聞いてみてください。いつ、どこで大きな戦いが行われたのか聞いてみてください。

その戦いを率いたのは、日本と朝鮮の、それぞれどの将校か聞いてみてください。何隻の船が沈められたのか聞いてみてください。殺された軍人と市民は何名だったのか聞いてみてください。

これらの質問は、韓国人を不機嫌にします。彼らは答えます。

「貴方は我々の歴史を知らない」

現実は韓国人が彼らの歴史を知らないにもかかわらず。

第二次大戦について韓国人に聞いてみてください。朝鮮にとって酷《ひど》いものでしたかと。普通は「ええ、まったく酷いものでした」と答えるでしょう。続けて、次の質問をしてください。どこでの戦いが酷かったのか、朝鮮のどこが攻撃されたのか、何人が戦死したのか。

歴史は歌やダンス、本を通して人々の合意で形成されます。その歌やダンス、本、人々の合意は、韓国、中国、その他の「人形師」によって操られています。**彼らは言います、**

**「日本軍は四十万人もの性奴隷をさらった」と。それをそのまま信じる者は少ないので、数を二十万人に減らしました。実際には二百人から始まり、すぐに数千人となり、やがて四十万人に達し、安定点の二十万人に落ち着きました。適当な数を上げているのです。**
「慰安婦」は、事実として語り継がれてきました。韓国はいまだに毎日、慰安婦を輸出しています。慰安婦は、おそらく世界でも古い職業の一つでしょう（戦争あるいは狩猟が最初にくるかもしれませんが）。

日本人が朝鮮人の性奴隷の積み荷を受け取ったとしたら、多くの疑問がわいてきます。**朝鮮人の少女と女性がさらわれてたくさんの船に積み込まれたとき、なぜ朝鮮人たちは反撃しなかったのでしょう。朝鮮人は弱虫だったのですか？ 武器も持っていたのに？**
当時、大勢の朝鮮人が「女性をさらって船に積み込んだ」実行役とされる旧日本軍に服務していました。彼らは銃もナイフも持っていました。石や毒薬も。

**なぜ彼らは反撃しなかったのでしょうか。答えは簡単です。朝鮮人は**（今もなお）**売春ビジネスで有名で、日本人と朝鮮人**（当時は日本人）**は、性奴隷ではなく売春婦を買ったのです。**

## ◉韓国教会に立つ慰安婦像

【アジアのカトリック教ニュースを扱う「UCA News」（二〇一八年三月）の見出しから】

韓国の教会は、日本に、慰安婦についての罪を償《つぐな》うよう呼びかけている。カトリック連合は、もはや少数しか生存していないかつての性奴隷が天国に行ってしまう前に、第二次大戦にさかのぼるこの件を解決するよう要求する。

バチカン宮殿の前に慰安少年の像が建立されるのを、ぜひ見たいものです。教会とは関係のない政治に教会を巻き込むことで、ローマ法王は教会が犯した少年への罪について民衆の関心を余計に集めています。

**私は調査のためにソウルに飛び、フランシスコ修道院の前に慰安婦像が立っているのを発見しました。イエス・キリストの像があるべき場所を売春婦の像が占有していたのです。驚くべきことです。**

しかしながらこれは、フランシスコ法王の性格を考えると腑《ふ》に落ちます。フランシスコ法王は第一に商人、次に政治家なのです。中国と韓国は、ローマ法王の主な商品である教会を広げる巨大なマーケットを提供しています。

日本ではキリスト教はごく少数派であり、これ以上バチカンが教会を増やすことは無理だという現実があります。ですから、日本を叩いてもローマ法王は失う物は何もなく、逆に韓国と中国に喜ばれるのです。

## ◉米国、日本、韓国、ベトナムへの警告

【CNNの記事（"The 'forgotten' My Lai: South Korea's Vietnam War massacres", CNN, Feb.24, 2018）から】

「忘れ去られたソンミ村のミライ集落：ベトナム戦争での韓国兵による虐殺」

アジアにおける我々の同盟関係を破壊しようとする情報戦争の影には、多くの場合、挺対協と呼ばれる怪《あや》しげなグループが存在していると警告してきました。

ベトナム戦争後、初めて米軍空母がベトナムに寄港することと、挺対協がベトナム人の心情を操作するために活動を活発化させていることは、偶然の一致ではありません。挺対協の本部はソウルにあります。挺対協の支持者の一人は在韓日本大使と米国大使を襲いました。米国大使のマーク・リッパートはナイフで酷く切りつけられました。

私は韓国に飛び、挺対協の本部に取材を申し込みました。彼らが取材に応じたことは驚きでした。長い時間をかけて取材し、そのほとんどをビデオに収めました。

翌日、ソウルの日本大使館の向かいにある慰安婦像の反日デモで、挺対協のボスが、慰安婦像をつくって売ることで大金を稼いでいる夫婦を紹介してくれました。その夫婦は挺対協と一緒に商売しています。私は、像製作の芸術家夫妻、キム・ソヒョン（Kim Seo-kyung）とキム・エンサン（Kim Eun-sung）に長時間取材しました。彼らは北朝鮮と深い関係があると言われています。

添付のCNNの記事では、「韓国軍のベトナム戦争での虐殺事件を皆に知らせるよう、活発に運動を繰り広げている活動家の多くは、慰安婦問題の活動家でもある。その中には韓国の各地にある日本総領事館の近くに、日本に抗議するために設置された慰安婦像をデザインしたキム・ソヒョンとキム・エンサン夫婦も含まれる」とあります。

これらの慰安婦像は、米国、オーストラリア、その他で建立されています。最近では米国のジョージア、アトランタに設置されました。敵はすでに上陸しています。彼らは反対運動を繰り広げている単なる活動家ではなく、我々の真の敵なのです。

手始めに日米の大使を襲撃したことを忘れてはなりません。その作戦は、対象国で摩擦を引き起こすよう計画されています。たとえば、韓国を日本から引き離すと同時に、米国に、日本が米国から離反していくような声明を仕向けるのです。オーストラリアでも同じような離反工作をして、当時私は現地で調査しました。彼らはタイでも同じようなことを試みていますが、あまり成功していません。少なくとも過去二年間、彼らはベトナムに拠点を築こうとしてきました。

事実はこうです。韓国軍はベトナムで多くの残虐な行いをしてきました。朝鮮人は戦争となると、同じ民族同士でも、アメリカ人にもベトナム人にも、戦う相手すべてに対して残虐であることで有名です。

しかし、それがこの話の要点ではありません。要点はこうです。我々が注意深く調べてきた、挺対協と呼ばれる慰安婦像を建立しているその組織が、韓国において反日活動を行っているのとまったく同様の方法で、ベトナムで反韓国の活動をしているということです。

おわかりでしょうか。

彼らはアメリカに対しても同様な活動をしており、オーストラリアでも分断工作は時間の問題でしょう。工作員は、韓国と日本の間に軋轢《あつれき》を生じさせることに成功しています。一週間、毎日毎日、第二次大戦の慰安婦の件で日韓両国が離反しつつあるニュースが大量に報道されており、私は毎日そういうニュースを読んでいます。

「邪悪な日本人」に対して、挺対協に自分たちの味方だと担がれていた韓国人は、ソウルに本部のある挺対協によって、彼らの祖父や、国の名誉、政府さえも攻撃されていることに気づき始めています。

今までの事実から、攻撃の図式を見てみましょう。

彼らは日本に対して用いた方法を、そっくりそのまま韓国にあてはめています。次は米国やオーストラリアでしょう（すでに米国では活動していますが、韓国と日本に関しての工作よりははるかに歴史が浅いといえます）。

カトリック教会にも要注意です。ローマ法王はどっぷりとこれに関わっています。ソウルの街にある韓国カトリック教会の修道院には慰安婦像があります。私は実際にそこに行って確認してきました。聖書や十字架、キリストの小さな像を売っている土産物店の前に、像はありませんでした。

慰安婦像は人間と同じサイズである一方、キリストの像はポケットに入るほどの大きさでした。私が取材で慰安婦集会に行ったとき、修道女と神父たちが集会の中心でスローガンを叫んでいるのをこの目で見ました。韓国を訪れた法王は、公に慰安婦を祝福していました。

ソウルで私は慰安婦問題の本質や危険性について、CNNに詳しく説明しました。そのときは右の耳から左の耳に抜ける風で、本気で聞いてはもらえませんでした。当時、彼らにはまだ本質が見えていなかったのでしょう。この問題は非常に重要です。

私はこれまで、十一カ国で調査してきました。しかしながら残念なことに資金が底をついたので、調査は現在中止しています。

ソウルの日本大使館のすぐそばで、慰安婦像を製作している夫婦の写真を撮りました。彼らはその写真を自分たちの頒布用のパンフレットに載せています。彼らは韓国人で、日本・米国・韓国の敵であり、今、ベトナムに対して同じことをしようとしています。

## ◉慰安婦カルトのテロ活動

『THE DIPLOMAT』の記事「韓国では慰安婦について報道するときに、見えない検閲がかかることに抗議する」（"Confronting Korea's Censored Discourse on Comfort Women," by Joseph Yi,Jan. 2018. 著者はソウルの漢陽《ハニャン》大学准教授）に関連して。

もしもあなたがアメリカ人で、このペテンの力学を理解したいのであれば、「黒人の命が大事」キャンペーンを「韓国人の命が大事」と置き換えてみるとよいでしょう。そこにあるメカニズムは同一です。もっとも日本は、かつて米国が黒人を遇していたよりもずっとましに韓国人に接していましたが。

現在、テキサスが米国の所属であるように、一九一〇年から一九四五年にかけて韓国は日本でした。韓国（朝鮮）は、当時の法律に基づき、朝鮮の同意の下に日本に併合されました。その法律は現在も合法です。

数十万人もの朝鮮人が日本軍にいましたが、彼らは志願して軍人となったのです。クーデターで政権掌握し、日韓条約で韓国経済の大転換をはかった韓国の第三代大統領、朴《パク》は、日本軍の士官でした（韓国人ですが敗戦まで日本国民）。

米国の奴隷制度とは異なり、当時の朝鮮人は完全な日本国民でした。朝鮮人は警官や軍人などの公務員になることができました。日本でも、朝鮮でも商売をすることができました。彼らはまったくの日本人で、奴隷どころか完全なる自由市民でした。

**第二次大戦後、韓国人は自らを被害者であるかのように振る舞いました。現実を見ましょう。多くの連合軍捕虜が朝鮮人によって拷問《ごうもん》されました。朝鮮人は日本人よりもはるかに残忍であることで有名でした。彼らは朝鮮人でしたが日本軍の兵士だったので、現在でも捕虜の拷問などは日本に責任があることになっています。**

アメリカ陸軍には、アメリカ人でなくても兵士になれるという制度がありました。彼らもアメリカ軍の一員であり、彼らの行動はアメリカに責任がある、ということです。

これは当時、同盟国の兵士を拷問した朝鮮人の行為が日本の責任であるとされるのと同じです。韓国人は犠牲者カードを切りたがります。その本質は「黒人の命が大事」キャンペーンや「パレスチナ人の命が大事」キャンペーンとかわりません。あまり酷《ひど》い仕打ちを受けなければ相手を挑発します。

慰安婦カルトのメンバーが、日本と米国の駐韓大使を襲ったことを忘れてはいけません。自称「修道士」のカルトメンバーは焼身自殺を図りました。これは悪質なカルトで、米国、フィリピン、オーストラリアその他の国を巻き込もうとしています。韓国は完全にこのカルトに操られています。彼らはタイでも活動しようとしましたが、タイ人は良識があるのでそのカルトを退けました。ベトナムもしかり。台湾はやや複雑ですが、一般的に非常に親日的なので、それほど酷く巻き込まれることはありません。

これは卑劣な汚らわしいカルトで、すでにテロ活動を行っています。最終ターゲットは日本ではなく米国です。注視していきましょう。

第二章

# 第二次世界大戦

## ◉南京——ある本

『南京にて：ジョン・ラーベの日記』（邦訳本『南京の真実』）を読んでいます。ジョン・ラーベはドイツからの国籍離脱者でビジネスマンでした。ヒットラーを敬愛するナチス党員で三十年間中国に住んでいました。ラーベらは日本の侵攻に対して多くの中国人を救ったとされています。ラーベは中国人に愛着を持っていましたが、実際のところ当時の状況には現実的に対処していました。

多くの出来事が彼の日記に記されています。中国人が他の中国人に残忍であること。あまり訓練されていない、もしくは装備品が貧弱である軍隊。部下を見捨てる将校、そして彼らが設定した、本来、軍や武器とは無縁であるはずの安全区。安全区では日本人が住むかわりに、中国軍の進入や武器の所持の禁止が合意されていました。ラーベによれば、中国軍はその約束を破り、日本の攻撃を防ぐために、あるいは日本人を攻撃するために安全区内の市民に紛れていました。実際、中国人兵士の多くが制服を脱ぎ捨てました。言うまでもなく制服を脱いで市民に紛れることは惨劇を招くものです。

これは本のレビューを目的としていません。ラーベが言っていることを引用しているまでです。

## ◉神風とメダル表彰者

フィリピンの神風記念碑に来ました。彼ら神風パイロットが酷《ひど》くさげすまれ、一方で、同様なことをしたと思われる我が米軍の兵士が讃《たた》えられていることの二重性について、ここ何年か考えています。

一九四四年、海軍一等兵のリチャード・アンダーソンの死後、彼に授与された名誉勲章に刻まれた文言から引用します。

海軍一等兵、アンダーソンは勇敢にも自己犠牲を選んだ。手投げ弾の上に自ら覆い被さり、爆発の衝撃をすべてその体で受け止めて仲間を救った。死に直面しての彼の勇敢さと、そのたぐいまれなる愛国心は米国海軍の気高い伝統に適《かな》ったものである。彼は雄々しく命を祖国に捧げた。

リチャードへの表彰文は他のメダルの表彰文と同じようにとても仰々しいものです。「九・一一」の攻撃の時にあなたは米国空軍のF-16戦闘機のパイロットであったとしましょう。たまたま武器を搭載せずにF-16戦闘機を操縦して飛んでいたとします。ラジオから突然三機の旅客機がハイジャックされ激突したとのニュースが流れてきます。四機目のハイジャック機はあなたから十マイル離れた所を飛んでいます（十マイルは約十六キロメートル）。空から旅客機を墜落させることができるのは米国内でもあなただけです。あなたと、あなたの操縦する武器を搭載していないF-16戦闘機のみです。

あなたにとって最後の審判の瞬間です。旅客機に命令が下ります。あなたは青い錠剤か、赤い錠剤を選ばなければいけません。

赤い錠剤を選ぶと滑走路まで一目散に飛んでいけます。F-16を安全に着陸させることができますが、その結果数千人が死ぬことになります。あなたはベッドで生きて朝をむかえます。空軍基地の外で何て弱虫なのかとあざ笑われて。

青い錠剤を選ぶとあなたの体はなくなってしまいます。あなたの銅像が建てられます。あなたの献身的な行動はすべての軍人とすべての米国人に伝説として残ります。子供たち、高速道路、そして広場に、あなたの名前が命名されます。青の名誉勲章が授与されます。

一九四四年の時点で、日本が連合軍の自国への侵攻を押しとどめることができた可能性は事実上ゼロでした。我々の軍は日本軍を徹底的に追い詰めました。その過程で我々の軍の大勢が青の錠剤を選びました。日本軍には、神風という、ほんのわずかのチャンスだけが残されていました。

ずっと昔に神風が日本を救ったことがあります。それは民族の記憶の一部となっています。日本軍は敵でした。しかしながら神風という青い錠剤を選んだことに対して我々は畏敬の念を持たねばなりません。

## ◉神風とイスラム自爆テロリストの違い

フランスのルモンド紙がパリの自殺テロリストと「神風」を比較しました。このことは言葉遣いに敏感な日本人を刺激することになりました。これは私が日本人について興味深いと思っている点でもあります。もちろん正しい文言を正しい状況で使うべきです。

**神風とイスラムの自爆攻撃者は大きく異なります。プロフェッショナルな米軍関係者だったらすぐにその違いを理解するでしょう。**

**イスラムの自殺攻撃者たちは、彼らのやっていることからしてほとんどすべてが犯罪です**（もちろん私は法律家ではありません。しかし私が陸軍に所属していたときにこのことは頭に叩《たた》き込まれました）。ほとんどの場合イスラムの自爆攻撃者は軍人ではありません。そこからして間違っています。彼らが軍を標的にするのはわかりますが、しかしそのときも軍服などを着ずに民間人に紛れています。これは違法です。

パリの爆弾テロやサンバーナーディーノ銃乱射事件でも犯人は軍服を着ずに民間人に紛れて民間人を攻撃しました。パリでの被害者は軍事標的への攻撃の巻き添えとなったわけではありません。民間人が主要なターゲットだったのです。これは平和なときでも戦争時でも完全に違法な行為です。

**神風の場合はまったく異なります。彼らは（私が知る限り）何の戦争犯罪もしてはいません。宣言された戦争において神風は法的に戦闘に従事していました。**我々は日本に侵攻しようと準備をしていましたし、彼らは自国民と国を守ろうとしていました。日本軍の兵士であるとすぐにわかる軍服を着ていました。彼らは日本軍の印をつけた機体で飛行しました。ターゲットとなったのは多くの場合武装した戦艦でした。不幸なことにターゲットになったのは米軍戦艦であったので、そのことについては米国人である私はまったく気にくわないのですが。

しかし当時、我々の戦艦は敵の標的になってしかるべきであったし、沈没させられても違法ではありません。神風を撃ち落として捕虜にしたとしても彼らを何の罪にも問えません。私が軍で受けたトレーニングに従うと、たとえ捕虜が神風であったとしても、他に撃ち落とされて捕虜となった飛行士たちと同じように法律に従って対処する義務があります。私の経験から言ってこのことは九十九パーセント確信があります（神風が攻撃してきて衝突したあとに、あるいは途中で撃ち落とされて、捕虜となった例があるでしょうか？　私は知りません）。

非法律家としての私の信ずるところによれば、戦争が終結し条約が締結されたあと、我々には収容し保護している他のすべての戦争捕虜とともに神風のパイロットたちを速やかに母国に送還させる義務があります（我々は戦争捕虜を保護する義務があります）。

別な話ですが、**もしも神風が米軍の飛行士であったならば、彼ら全員に米国の最高名誉賞が授与されていたことでしょう。**残念なことに、当時、彼らは敵でしたが。私がこのことについて尋ねたことのある退役軍人たちは皆同意しました。もちろん彼らも神風が我々を攻撃したことは良くは思っていないのですが、しかしそのような戦闘員に対して、嫌々ながらではあるがある種の尊敬の念を持っています。

他の大きな違いは、戦争が終わって死ぬことのなかった神風たちには常軌を逸した振舞いはなかったし、飛行機を盗んだり戦闘行為を続けようとしたりはしなかったことです。戦争が終結したと宣言されたときに彼らの戦争も終わりました。

イスラムのジハード戦闘員は、たとえ何年にもわたって収監されても、出てくると自爆攻撃を試みます。

戦争後、生き残った日本兵の多くは自国に帰り、日本を立ち直らせました。神風は日本のために彼らの命を捧げました。ジハード戦闘員はあらかじめビデオを撮り、そこで自らの目標について語ります。ほとんどのジハード戦闘員は自分たちの純血や神への誓いのために、彼らの「神」とともにいるために自爆したがっています。神風は賞賛すべき敵でした。自爆ジハード戦闘員は洗脳されていて、死にたがっているだけです。

## ◉フィリピンでの日本軍

フィリピン、ルソン島のクラーク空軍基地近くで、八十四歳の戦争目撃者ダニエル・ディゾン（Daniel Dizon）氏から興味深い話を聞きました。

インタビューは二時間以上に及びました。ディゾン氏は侵入者である日本人を微妙なニュアンスを込めて説明していました。もちろん彼は現在の日本と米国がとても気に入っています。ディゾン氏は日本軍によってなされた幾つかの戦争犯罪を話してくれました。しかし別な面では非常に肯定的に見ているということも話してくれました。先頃、インタビューをした他の戦争目撃者も同様な見解を述べていました。彼らに共通しているのは、信じられないくらい米国に対して肯定的であることと、日本軍は米軍よりも子供たちに対して友好的であったと言っていることです。

もちろん日本軍は米軍よりも子供たちに対して友好的であったと、はっきりとは言っていませんが、日本人は子供たちに自分の子のように、あるいは弟や妹のように接していたと述べています。

ディゾン氏も、先頃インタビューをした戦争目撃者も、彼らが子供だったときの日本兵の子供への接し方を高く評価しています。彼らはアメリカ兵のことも好きでしたが、日本兵と比べてみると、やや親密さを欠いていたように感じたようです。もちろんアメリカ兵も子供に対しては非常に優しく接していたでしょう（イラクでもアフガニスタンでも日々そうでした）。

旧日本軍の現地の子供たちへの接し方について知り、驚いているのを認めざるをえません。私は日本軍が子供たちに対して酷《ひど》いことをしていると聞かされて育ちました。しかし彼ら二人の戦争目撃者は、それとはまったく異なることを述べています。確かにこれはたった二人からの聞き取り調査です。私は戦争目撃者のどんな話でも聞くつもりです。いろいろな意見を集約することでそれに対しての私自身の意見を述べることができます。

ディゾン氏に慰安婦について聞いてみました。彼は、元々米軍が売春宿を運営していたと言いました。日本軍が侵攻してきたときに日本軍は自前の売春宿を持っていたようです（彼によると、彼女らは性奴隷などではなかったそうです）。米軍はルソンまで退却し、クラークのそばに別の売春宿をオープンさせました。基本的に必要に応じてどこにでもオープンする売春宿です。

書いておくべきことがあります。二晩ほど前、夜にエンジェルス市を歩いていたとき、そこにいた売春婦に出くわしました。その地域には多くの売春婦がいました。

私はディゾン氏に、バターンの死の行軍を目撃したのかどうか尋ねました。彼はいくつかの話をしてくれました。これについては、また別の機会に述べます。

ときおり説明してくれる日本兵の残忍な振る舞いは酷いものでした。その一方で、それとは異なり、多くの日本兵は戦争捕虜に同情をしていたとも述べました。ディゾン氏の見解には当時の日本軍に対しての良い見解と悪い見解が入り交じっています。明らかなことは、彼が日本軍と米軍をとても好きだということです。

ディゾン氏はジョージア州のユージンというアメリカ兵の居場所を突き止めるために、息子さんをアメリカでの調査に向かわせたこともあるそうです（当時アメリカに在住していました）。ユージンはとてもよくしてくれたそうです。ディゾン氏は私にユージンの氏名、部隊、生まれ育った町について教えてくれました。ユージンを見つけることができなかったことを悲しんでいました。ビデオを見て、名前と部隊を再確認し、ユージンの詳細について調べるつもりです。

## ◉歴史を直視し、軍国主義と一線を画すべきは……

「日本は歴史を直視し、軍国主義と一線を画すべきだと中国が述べた」

第二次世界大戦の後に（！）、五千万人もの自国民を殺害、餓死、または処刑した中国が、そう言っています。チベットを侵略し、国を奪った中国が言っています。ウイグル族をたきのめし、ベトナムを脅し、香港と台湾も脅し、日本を脅し、フィリピンを脅し、自国民に堕胎を強制している中国がです。みんな同じ中国という国がやっていることです。

皆の知的財産を盗んでいる中国です。「お前は偽善者だ！」との商標をつけるべきでしょう。南シナ海と東シナ海に棲《す》むすべてのクラゲの所有権を主張している中国です。

もし月に人を送ったら、今度は月の所有権を主張してくるのは確実です。中国が宇宙空間での所有権を主張してくることは間違いありません（静止衛星の位置は別として。これは多くの国の間での了解事項であって、別の話です）。

サンフランシスコとボストンを見てください。中国はチャイナタウンの権利を主張してくるにきまっています。日本に対して中国が文句を言うのは筋違いです。米国は次のことをはっきりと意識しなければなりません。すなわち米国は、日本やフィリピン、香港、台湾、タイ、そしてベトナムなどの国々の味方であるということです。

中国は極めて邪悪です。手遅れにならないうちに韓国も目をさます必要があります。北朝鮮は、まぁ、強いて触れる必要もないでしょう。

## ◉ビルマでの日本軍

八十三歳のビルマの男性と、彼の七十六歳の妻にインタビューをしました。読者の中には私が年配のビルマの人々にインタビューしていることを嫌い、何か不安を抱く者もいるようです。

これは第二次世界大戦中の日本の占領下の話です。私は日本人は邪悪であると聞いて育ってきました。ずっとそれを信じてきました。しかしもう信じることはできません。真実のみが重要です。根っからのアメリカ人である私にとって正義はとても重要なものです。真実感情やプロパガンダなどではなく真実に基づいた正義が重要です。

小さいときから吹き込まれた邪悪な日本人の話や、ニュースでいつも見ていた韓国人が作った日本叩きの宣伝フィルムの影響もありましたが、実際にちゃんと調べればボロが出てきます。

ビルマにて第二次大戦中の日本軍についての話を聞いて回っています。年配の人々に日本人についての記憶を尋ね、第二次大戦中と今の日本人について、どう考えてどう感じているかを聞いています。

他のジャーナリストが簡単に確かめられるように十分な情報を提供しているつもりです。ぜひ、年配者たちに当時の日本人について聞いてみてください。良い反応や悪い反応もあるでしょうが、私がフィリピン、タイ、ミャンマーで見いだしたことは、驚くことに多くの場合、年配者たちは日本人についての良い印象を持っているということです。

私は教えられてきました。韓国と中国が毎日繰り返して言うように、それらの国々で多くの女性たちが日本兵の犠牲になったと。

しかしながら、大々的な虐待についての証拠はまったくありません。ミャンマーでも何も見つけることができませんでした。日本人が、我々の数千人の囚人に対して暴力的であったことは疑いありません。死んだ者もいます。一方で非常に良い扱いを受けた者もいます。

話は複雑です。しかしビルマの各地で実施してきた多くのインタビューでわかったことは、英国人と日本人の双方によって植民地とされたことを嫌うと言うよりも、ほとんど肯定的にとらえているということです。もちろん両者による植民地化を憎む気持ちもあるでしょうが、同時に、日本と英国の両者に対する愛着が感じられました。

ビルマ人が、英国から日本人の囚人をかくまったという話を多く聞きました。米国ではそんなことは絶対に起こらないと私は言いました。我々だったならば、米国人を拷問《ごうもん》した者はすべて殺したでしょう。ビルマの人々の心には、許しを与えるという文化があるのでしょう。なぜそんなにすぐに許せるものなのか何度か聞いてみました。「仏教の教えです」と言っていました。私は精神分析はしません。インタビューしたことをここに書いているだけです。

ビルマのサク（Saku）からやってきた八十三歳と七十六歳の夫婦と話をしました。三人の娘さんと二十歳の孫娘（彼女は大学生）さんも一緒でした。紳士の名前はモー（Hla Moe）。彼は大卒で二十一冊もの英書をビルマ語に翻訳しているそうです。部屋にはウィリアム・ドノバン（Wild Bill Donovan）の本もありました。翻訳のために彼に送られた本だそうです。ミャンマーでも名前の通った作家とのことでした。お歳を召した今でも頭がはっきりしています。英会話はあまりうまくありませんが、読むことについては流暢《りゅうちょう》でした。

大学レベルの文章を読むことができるし書くことのできる多くのタイ人と日本人に会いました。しかし多くの場合、会話は流暢というわけにはいきません。ですから書いてコミュニケーションをとっていました。今日では、そういう場合、普通、通訳者が同席します。夫婦によれば、一九四二年三月から一九四五年五月まで日本が町を占領していたそうです。町はサク（Saku）と呼ばれていて、皆もそう呼んでいました。

戦争時のレイプや犯罪について聞いてみました。彼らはそんなこと聞いたこともないと言いました。日本人は良くしてくれたし、子供たち（当時は子供でした）にも良くしてくれたと言いました。この言葉はミャンマーのシッタンや他で聞いたことを思い出させます。日本兵は彼らの家をたずね昼食や夕食を共にしたそうです。シッタンで聞いたこととまったく同じです。

サクから来た夫婦が言っていたことで、シッタンでの年長者を思い出させることは、日本人を好きだが、比較すると英国人のほうが良いということです。日本人に対してとても愛着を持っているが、どちらかと言えば英国の統治が良かったと。シッタンや他の場所で、多くの人々は米国人と会ったことがなかったようです。しかし、今日、サクからやってきたご夫婦は、一九四五年頃に五十人ほど（はっきりとはわかりません）のアメリカ兵がやってきたと言いました。米兵が何か犯罪をしたかどうか、どのように現地の人々を扱ったのか聞いてみました。

米兵は犯罪に関わらなかったし、良い振る舞いをしていたそうです。

日本人によってなされた天然痘《てんねんとう》ワクチンの傷痕があるかどうか聞いてみました。夫婦は傷痕を見せ、日本人がやってくれたと言っていました。モー氏は、日本人が午後四時から六時まで日本語学校を開催していたと言いました。彼は日本語を幾つか覚えていました（彼は一九八五年に日本を訪れています）。シッタンのお年寄りと同様に、彼は日本人のことを話すときにほほえみを浮かべていました。

日本兵の名前を覚えているか聞いてみました。モー氏は、彼の先生を板本《いたもと》と覚えていました。彼の妻が言うには、日本兵は彼らの家をよく訪れていたようです。彼女は言いました。名前は永谷《ながたに》さんだったと。彼の階級はわかりません。彼が子供に日本の遊びを教えていたかどうか聞いてみましたが、そんなことはなかったようです。しかし彼は親切だったそうです。

戦後、彼女は彼とは再会していません。一九八五年、モー氏は日本を訪れました。広島、大阪、東京、その他の場所を。二十六日間滞在し、日本をとても好きになったそうです。彼は言いました。日本人はとても礼儀正しいと。私は彼に日本の食べ物は好きかどうか聞いてみましたが、答えはノーでした（これは私にとって驚きでした）。

いろいろな出来事について話しました。結局、彼らは日本人が好きなのです。どちらかというと日本人よりも英国人のほうがベターとのことでした。米国人も好きだそうです。英国軍のインド人も。

なぜ彼らが日本人を好きだが英国人のほうがベターと言うのかはっきりさせようと試みました。しかし、まぁ、これは英国人が自信過剰なことを見て回るような結果になりました。つまり英国人はインフラが整備されていて自給自足することができたが、あとから来た日本人はインフラを持っていなくて、たびたび、人々から物を奪っていたことが原因のようです。他には日本人は現地の者が罪を犯さない限り非常に友好的だということです。犯罪者は拷問《ごうもん》にかけたり銃で撃ったりしたそうです。

ヤンゴンのユダヤ教会堂からきたムスリムの老人は日本人の統治によって犯罪はゼロになったと言いました（もちろん日本人自身は、食糧などを人々からもらっていましたが）。私は、日本人、中国人、韓国人の婦人たちを目撃したかどうか聞いてみました。答えはノーでした。私は二十歳の孫娘に、日本人をどう思っているか聞いてみました。彼女は日本人を好きだが会ったことはないと言いました。米国人を好きかどうか聞いてみました。彼女はとっても好きだが、今日、初めて会ったと言いました。

彼らは私を家族のように迎えてくれました。これはビルマでは普通のことのようです。丁重にもてなしてくれます。ビルマに来る機会があれば、ぜひ、年配の方々に当時の体験を聞いてみてください。

## ◉平手打ち――Jap Slap

現在では侮蔑《ぶべつ》的とされているこの言葉「Jap Slap」は、数十年前、米国政府によって好んで使われたものです。

第二次大戦中、タイ人が日本人についてどんな体験をしたか、タイ公文書館を調べたり人々に取材したりして入念な調査を重ねると、一般に流布している話と事実は違っていることがわかりました。多くの場合、タイ人と日本人はうまくやっていました。正確に言うと、タイ国は枢軸国でした。実は当時もまだ米国と一緒に日本に対してスパイ活動をしていたのですが。

日本人がタイ人に平手打ち（ビンタ）を食らわした事件がいくつかあったようです。日本人には当時、その場ですぐに与える罰として、平手打ちを食らわす習慣がありました。しかし、平手打ちをされるなどとんでもない。ましてや敵からされるなど大変な侮辱と受け取り、連合国側の捕虜たちは憤激しました。

「死の鉄道」のあるカンチャナブリ近辺在住の元大学教授が、僧侶に平手打ちをした日本兵の話を、我々チームにしてくれました。まったくなんということをしたのでしょう！もしも今、タイ国を訪問する人に、一つだけアドバイスがあるとすれば、絶対に僧侶に平手打ちなどしてはいけない、ということです！　これは当然大きな騒動を引き起こしました。

教授が言うには、タイ国政府の役人が事態の収拾のために、そして日本人に対して二度と僧侶に平手打ちなどしないようにアドバイスするために、急いでバンコクから飛んできたとのことです。他にも国立公文書館で、日本兵がソンクラー県の司法官に行った不当な行為を示す資料も見つけました。

他の情報も参考にすると、どうやら日本兵は司法官に平手打ちを食らわせたようです。百パーセントの確証はありませんが「不当な扱いに対する苦情」は平手打ちによるもののようです。その時は日本の大使がすぐに飛んできて事態の収拾に当たりました。高圧的な占領国ならばそういう処理の仕方はしません。

ともかく、その当時米国では「日本人を平手打ちにしろ」キャンペーンがありましたし、私が子供の頃ですら「日本人の平手打ち（Jap Slap）」（あるいはジャックスラップ「Jack Slap」）は普通のことで、実際の日本人とではなく、学校の校庭で喧嘩するときによく平手打ちが行われていました。私の子供時代、あまり日本人に会った記憶はありませんんが、糸杉の植えられた庭園を訪れたときに写真を撮っている日本人観光客を見かけた覚えはあります。

一つだけ確かなことは、当時、米国のあちこちで平手打ちが行われていた、ということです。

## ◉マレーシア、ペナン島の反日本プロパガンダ

日本の雑誌に頼まれて記事を書いています。それでペナン島での調査を記録したノートや写真を見ていますが、その中には「ペナン戦争博物館」も含まれます。とても博物館とはお世辞にも言えないような代物でした。

正確に言うと博物館というより「リプリーの嘘か実か」（'Ripley's Believe it or Not'）と「お化け屋敷」、それと「サバイバルゲームのコース」をごちゃ混ぜにしたようなものでした。つまりその、いわゆる博物館は、お化け屋敷を兼ねていて、その一部としてサバイバルゲームのコースもあると言えばわかりやすいかもしれません。こんなことは博物館ではあり得ないことです。このお化け屋敷の中には巨大で恐ろしげな生き物が木のてっぺんに潜んでいたり、怪談話などが詰まっていたりと、まったくもってこの世のものとは思われない不気味さでした。

「リプリーの嘘か実か」で言えば、たしかに原子爆弾の模型もあるのですが、それは実物

のリトルボーイやファットマンとはまったく似ても似つかないものでした。どでかい手榴弾や、神風パイロットが着用したベスト（胴着）などというのもありました。そう、それは神風パイロットの自殺用のベストなのだそうです。

この捏造《ねつぞう》はすごい。神風ベストの説明には、一九四一年十二月十日、戦艦プリンス・オブ・ウェールズと巡洋戦艦レパルスは神風特攻隊によって破壊された、とあります。言うまでもなく英国の戦艦は通常の空爆によって沈められたのであって神風攻撃によってではありません。

第一、神風特別攻撃隊は一九四四年、日本がほとんど戦争に負けつつあるときに始まりました。看板には他の反日展示場と同じように、戦時中の日本が女性たちを性奴隷にしていたなどといい加減なことが書かれています。もし日本人が、「そんな理不尽なことはなかった」と異議を唱えたら、「右翼の歴史修正主義者」「軍国主義者」あるいはただの頭がおかしい「変人」などとレッテルを貼るのでしょう。

ベトナムの戦争博物館に行ったことがある米国人にはわかると思いますが、米軍と米国の描かれ方に皆一様にショックを受け、悲しむか怒りまくります。私もそうでした。戦

神風パイロットの自殺用ベストとして展示されていたもの

神風ベストに添付されていた説明

時中の日本軍の行動についての誤った説明に、日本人も同じように反応して憤る。すると彼らは「歴史修正主義者」だと非難されてしまうのです。

**嘘は嘘です。嘘を受け入れてはいけません。その嘘がたとえかつての敵についてのものであっても。**

## ◉中国共産党が画策するペナン島の反日

マレーシアのペナン島の「博物館」では、中国共産党が反日情報戦争に関わっている明らかな証拠を見つけました。博物館の館長や学芸員たちが、最近、北京に招待されているのです。しかも反日行事に参加するためにです。もしも旅行者が、ペナン島で、この博物館だけを訪れたとしたら、ペナンの人々は日本人を嫌っていると思うでしょう。

私はこの島に滞在している間、日本人やほかの外国人についてどう思っているか住民に聞いてみました。ほとんどの場合、彼らは自分の狭い世界で生活していて、外国人をどう思うかなど考えていないようです。それでもなお私が答えを促すと、彼らは日本人、ヨー

北京で開催された国際第二次大戦記念博物館大会の写真

国外参会代表

| 序号 | 姓名 | 单位 | 职务 |
|---|---|---|---|
| 1 | 列金娜·舒利茨 | 国际博物馆协会 | 执委 |
| 2 | 扎巴洛夫斯基·弗拉基米尔 | 俄罗斯卫国战争纪念馆 | 馆长 |
| 3 | 维克多·斯科列宾 | 俄罗斯卫国战争纪念馆 | 副馆长 |
| 4 | 尹柱卿 | 韩国独立纪念馆 | 馆长 |
| 5 | 李明花 | 韩国独立纪念馆 | |
| 6 | 金周滔 | 韩国独立纪念馆 | |
| 7 | 金美兰 | 韩国独立纪念馆 | |
| 8 | 李娟 | 美国休斯顿大屠杀博物馆 | 董事 |
| 9 | 卡洛斯·亚历山大·库尼亚·坎波斯 | 巴西二战烈士博物馆 | 馆长 |
| 10 | 乔哈里·沙斐耶 | 马来西亚槟城战争博物馆 | 馆长 |
| 11 | 娜蒂纳罕·图穆·阿普杜拉 | 马来西亚槟城战争博物馆 | 常务董事 |
| 12 | 那拉汉姆·乔哈里 | 马来西亚槟城战争博物馆 | |
| 13 | 果瓦里丘克·伊万·彼得洛维奇 | 乌克兰卫国战争纪念馆 | 馆长 |
| 14 | 汉娜·哈林斯卡娅 | 白俄罗斯卫国战争纪念馆 | 副馆长 |
| 15 | 普列斯诺夫·弗拉基米尔 | 俄罗斯莫斯科保卫战纪念馆 | 馆长 |
| 16 | 阿夫洽洛娃·娜塔莉亚·伊万诺夫娜 | 俄罗斯国立库尔斯克大会战纪念馆 | 馆长 |
| 17 | 古尔诺索夫·谢尔盖 | 俄罗斯列宁格勒保卫战纪念馆 | 馆长 |
| 18 | 斯坦尼斯拉夫·米谢夫 | 斯洛伐克民族起义博物馆 | 馆长 |
| 19 | 阿列克谢·瓦西 | 俄罗斯斯大林格勒保卫战纪念馆 | 馆长 |
| 20 | 扎利茨戈娅·塔尼娅·弗拉基米洛娃 | 俄罗斯新俄罗斯历史博物馆 | 科教秘书 |

参加者名簿の一部

ロッパ人、タイ人に対しては好意を持っていると答えました。

同様にアメリカ人に対しても良い感情をいだいてはいるが、米国政府の外交政策についてては非常にネガティブな反応でした（我々アメリカ人も自国の外交政策のほとんどに否定的な考えを持っています）。

一方、韓国人、中国人、インド人、アラブ人に対しては、嫌いから大嫌いまでの否定的な答えばかりでした。

ペナンで一人のアラブ人が大きな喧嘩《けんか》を始め、ビリヤードの棒で頭を殴られるのを見ました。ビリヤードの棒は壊れ、彼は二、三歩前進して崩れ落ち、まわりの人々は彼を蹴飛ばし始めました（自業自得でした……そこにいた者は皆知っています）。あるマレーシア人が介入してきて彼を助けました。彼は立ち上がり再び喧嘩を始めました。彼はクウェート出身でした。すぐに靴は脱げ、散乱したガラスの破片の上で、裸足で喧嘩を続けました。

私は傍観しました。なぜなら彼はウサマ・ビン・ラディンを賞賛していたからです。喧嘩は四から五ラウンドは続き、彼は二度、三度と倒されましたが、ロッキーのように起き上がってきました。その根性だけは認めましょう。ノックアウトされている間、他の男が彼の頭に重い木の椅子を叩きつけようとしました（本当にやっていたら彼は死んでいたでしょう)。このときは喧嘩相手のインド人が割って入って彼を助けました。
これから得られる教訓：
ビリヤードの棒は映画で見るほどは実際には役に立たない。
アラブ人をビリヤードの棒で殴ったインド人が私に言いました。「あいつは、あんな振る舞いをするんだったらアラブに帰るべきだ！」と。私は頷いてインド人に同意しました。付け加えて「もっとましなビリヤードの棒を手に入れた方がよい」と彼にアドバイスしました。彼は笑って、「そうだ、もっと良いのが必要だ」と答えました。

## ◉慰安婦問題の啓発を目的とする美術展

印象操作する見出し。

「インドネシアで慰安婦問題についての啓発が目的の美術展を開催」

インドネシアはさまざまな意味において親日国です。残酷なオランダ帝国主義により何世紀にもわたり支配されていましたが、オランダからの独立に日本人たちが手を貸しました。日本軍はオランダを、汚れた絨毯《じゅうたん》のホコリをハタキ出すようにインドネシアから追い出し、生き残ったオランダ兵の多くを「死の鉄道」の建設にあたらせるためタイに連れてきました。現地には彼らの墓もあります。これまでに何度かその写真をフェイスブック上にアップしてきました。

旧日本軍は「死の鉄道」については戦争犯罪をしました。これは事実です。しかしながらオランダ人に対する戦争犯罪は、当時あちこちで行われた無実の者への戦争犯罪とは性質が異なります。オランダはインドネシアで犯罪を行っていました。もちろん他人が悪事を働いたからといって、自分も悪事を為してよいわけではありません。大切なことは、ここには無実の犠牲者は存在しないということです。無実の個人は存在しましたが、国家レベルでみたら、日本とオランダ、どちらも無実ではありません。

オランダは第二次大戦後にもインドネシアで虐殺を行っています。私はそれを非難しているわけではありません。ただ単にこれまでに明らかになった事実を述べているに過ぎません。

**日本兵はインドネシアのジャカルタにある国立墓地にイスラム教徒とともに埋葬されています。**以前、そこに行って彼らの墓を見てきました。撮影は禁じられていたので写真はありませんが、確かにそこには日本兵の墓がありました。**イスラム教徒は、異教徒と同じ墓地に葬られるのを嫌がります。しかも日本兵の中にはクリスチャンもいました。しかしながら日本兵は彼らの英雄であったので、その国立墓地に埋葬されたのです。**

ぜひ、現地に行って自分の目で見てきてください。その国立墓地からあまり遠くないところにオバマの通っていた小学校があるので、ついでに見てくることをお勧めします。環境のよいところです。

## ◉日本とアメリカの医学実験

我々が第二次世界大戦における虚構の性奴隷物語についてどんどん真実を明らかにしていくにつれて、一部の人々はまだ心の中で人種偏見を引きずり、日本人の首根っこをつかむ何かを見つけようとします。彼らは「でもバターン死の行進についてはどうなのだ?」と言ってきます。

私は二〇一五年の一月にバターンに滞在しましたが、程度の問題はあるにせよ戦争犯罪が起こったことは事実でしょうと答えます。彼らはいつも「でもバターン死の行進についてはどうなんだ？」と言ってきます。私だって「（アメリカ原住民強制移住の）涙の道」を散策したことを覚えています。日本人がバターンでの犯罪行為に関与したことは事実ですが、我々だって「（アメリカ先住民強制移住の）涙の道」で同じようなことをしています。どちらも弁解の余地はありません。

そうすると次に彼らは「（東南アジアで連合軍捕虜を使った）死の鉄道建設はどうなんだ？」と言います。いいでしょう、それも実際に起こったことです。私はカンチャナブリに二回行ったことがありますが、当時複数の犯罪行為が実際に起こったことは疑いありません。しかしそれだって、我々がかつて奴隷を保持したり一九五〇年代まで黒人たちをバスの奥に座らせたり黒人をリンチしたりしていたのと同じことです。リンチの写真を使って絵葉書を作っていたこともありました。我々アメリカ人の祖先たちによってそれらの絵葉書は作られました。絵葉書の作製に関わった者は今でも生存していることでしょう。

すると今度は「でも、『ザ・レイプ・オブ・南京』はどうなんだ？」と言ってきます。日本人に関するこれらの告発は、ほとんどの場合、まったく信用できない中国が発信元です。『ザ・レイプ・オブ・南京』という本の著者は中国系アメリカ人で、精神を病んでいました。彼女はのちに拳銃自殺しました（86ページ参照）。

南京での詳細は徹底的に調査するまで話半分としてとらえておくべきです。いわゆる「南京大虐殺」と呼ばれる事件を調査した歴史学者たちは、その詳細について大きな疑いの余地を見つけています。例えば殺されたとされる人々の人数が当時の南京の住人よりも圧倒的に多いことなどです。

第二次大戦において我々参戦国すべての国家が戦争犯罪に関与したことは疑いがありません。いくつかの国が他よりも特に酷かった。ドイツ人たちや、ドイツの死の強制収容所、ナチスの医者たち、それにロシア人たちは常軌を逸していました。アメリカ人たちも「タスキギー梅毒実験」において、生きている黒人に対する医学的犯罪に関与しました。これらの実験は一九三二年から一九七二年にかけて実行されました。被験者は貧しい黒人男性で、よりよいコミュニティづくりを助けるとの名目の下に行われたのです。

## アメリカのMKウルトラ計画実験（MKは被害者の名前にちなむ）

本人が意識しない事象における薬の作用を観察するために、実験者たちは何百人もの、精神病者・囚人・外国人・民間のアメリカの市民、に対して同意無しでLSDを密かに投与した。「ミッドナイト・クライマックス作戦」と呼ばれている特に大胆な八年におよぶプログラムでは、実行機関はサンフランシスコに列をなすほどの売春宿を準備した。売春婦たちは何の用心もしていない客たちに密かに薬を服用させ、CIA職員はマジックミラーの後ろから客の男の振る舞いをモニターした。これらの政府の辛辣《しんらつ》な実験は一九五〇年代と一九六〇年代初期の大部分を通して続けられたが、LSDの幻覚性効果は実地で使用するにはあまりに予測不可能で扱いにくいという結論に最終的に達した。

**中国と韓国が日本の歴史に関して何か言おうと出しゃばれば出しゃばるほど、中国が人類史上最大の大量虐殺を犯していることを我々は思い起こします。これらの大虐殺はすべて第二次世界大戦後に起こったことですが、犯人の多くはいまだに権力の中枢に居座っています。**

韓国の歴史を見れば見るほど、韓国人にその多面性を見いだしますが、しかし彼らが罪のない犠牲者かといえば、決してそういうわけではありません。**正義はフェアな心と事実を必要とします。我々は世界に拡散した性奴隷制度なる物語について地道に調査を続けます。既に性奴隷の物語はフィクションであるとわかっています。**

## ◉南京大虐殺の映画の数字に日中双方からクレーム

「大虐殺の数字：日本の歴史学者は四万人から二十万人、中国側は三十万人と主張」

開かれた心で研究している、正直な、本当の意味での歴史学者は少数派です。まるで金のように価値のある存在です。同じことはジャーナリストにも言えます。

当時、アメリカのアンチ日本プロパガンダは、三万人という数字をあげましたが、中国人の死の多くは中国人自身の手によるものであったことには触れませんでした。

二年前、私は中国の巨大な南京戦争記念館を訪問しました。建物はアメリカドルで数千万ドルもするだろうという立派なものでした。その土地は一等地で、建物以上の莫大な資金が投入されたことでしょう。南京戦争記念館は、中国人による中国人への戦争犯罪を無視する一方で、日本への憎しみを駆り立てるためにつくられたものです。信じられないのなら一度、訪れてみてください。バスを連ねてやってきた中国人旅行客が正面入り口に到着すると、ガイドたちがそれぞれ異なる色の目印を持ってグループをまとめ、先頭に立って案内して行きます。来館者はセキュリティを通り、手荷物検査を受けます。何千人ものアジア人の中で私はたった一人の白人でした。まわりで話されている言語は中国語だけで、タイ語や日本語など他の言語は聞こえませんでした。入場は無料です。

「悪鬼日本がレイプと人殺しをするためにやってきた」と書かれた碑のついたぞっとするような像の前を通っていきます。しかしながら同じ戦いでの中国人による大量殺戮《さつりく》には一切触れていません。博物館の本館の入り口で、来客者は地下へと向かう大きな階段を下っていきます。まるで墓穴に入っていくかのように。

周囲がだんだん暗くなり陰湿な音楽が流れ、どんどん雰囲気がおどろおどろしくなっていくとマシンガンの音と戦闘の音がして臨場感を一気に盛り上げます。次から次へと展示室が続きます。何千もの展示があります。すべての展示品が写真撮影を許されていて、スマートフォンの写真にぴったり合うようにライティングされています。

テーマは「三十万」です。

三十万という数が、石に刻まれ、表示板に表示され、ライトアップされ、どこを見ても三十万という数が出てきます。館内には集団墓地のようにヒトの骸骨《がいこつ》が大量に置かれていました（本物の骸骨のように見えました。少なくとも良くできたレプリカです）。このように人骨を宣伝のために利用している例をカンボジアで見たことがあります。

しかし、**いわゆる「南京大虐殺」で三十万人が殺されたとの証拠は一つもありません。証拠はゼロです。**神格化された毛沢東による大量殺人については何も触れていません。文化大革命、大躍進政策、天安門事件、強制堕胎、ジャーナリストの失踪事件にも触れていません。

中国では、歌詞の一節で毛沢東のことが歌われているビートルズの『Revolution』は依然として禁じられています。フェイスブックやツイッターも情報統制されています。禁止や統制されているものの多いことは驚くべきことです。南京事件について中国側のストーリーに異議を唱える者は皆「極右日本の国家主義者」とレッテルを貼られます。

さて、ここで難しい問題を出します。

中国共産党政府が正直だと思う人はいるだろうか？

1．もし、イエスと答えたなら、その人は信用を失う。

2. もしも答えがノーで、歴史上の大量殺戮《さつりく》を隠蔽《いんぺい》する中国政府を信用しないならば、なぜ南京に関しては中国を信じるのか？

**我々は中国政府が息を吐くように嘘をつくことを知っています。それならばなぜ「南京大虐殺」のことになると、急に、中国政府が真実を言っていると思うのでしょうか？　米国の当時のプロパガンダでは三万という数字でした。その数字の大部分は中国人が中国人と戦って死んだ数だということを米国は知っています。**

## ◉朝鮮人の戦争犯罪

**ここ二十五年から三十年の間、韓国人は、自分たちは日本の占領と残虐《ざんぎゃく》行為に痛めつけられた罪なき犠牲者だ、という狼煙《のろし》を上げ続けています。しかしそれは嘘です。特に最近十年間は、信じられないほどの悪辣《あくらつ》さで嘘をつき続けています。**

真相はこうです。

日本は朝鮮を侵略して占領したのではありません。日本は一八五四年まで鎖国をしていましたが、アメリカが砲艦外交で開国を迫りました。開国せねば吹き飛ばすぞと、日本を恫喝《どうかつ》したアメリカは、大きな悪い狼でした。日本は開国し、驚いたことに一九〇四年には世界の一翼を担う国として見なされ、ロシアにも勝ってしまいました。

テディ・ルーズベルトは日本びいきで日本に朝鮮半島を統治してもらいたいと考えていました（調査の過程で私は偶然それを知りました）。**時は帝国主義の真っ最中です。日本にとっての選択はつらいものでした。**

**競争するか、亡国か、二つに一つでした。**

**ロシア、米国など、帝国主義諸国は勢力を拡大しており、日本は資源が乏しい国でした。やるかやられるか。ロシアは日本に野心を燃やしていました。**

**日本は自らも帝国主義国になることを選択しました。**

一八五三年、一八五四年と、我々アメリカが日本に大砲を向けて開国を迫ったことを思い起こしてください。実際にはアメリカは日本を攻撃しませんでしたが、していてもおかしくない状況でした。開国後、日本はどうすべきか必死になって考えました。そして、他のアジア諸国がたどった、またはたどりつつある道を行かないと決め、西洋文明を吸収して、自国で飛行機、潜水艦、航空母艦までつくりあげました。今日でも実際に使用できる航空母艦を建造できる国は一握りです。

一八九〇年代初め、文明的にかなり遅れていた朝鮮に日本は接近していきました（韓国人は当時の朝鮮はすでに文明国だったように装っていますが、日本が朝鮮を近代化して庶民の識字率を上げたのです）。

ロシアは日本を侵略する入口として朝鮮を手に入れたがっていました。日本は事を急ぐことはしませんでした。歴史を見ればわかるとおり、中国やその他の国も終わりだとわかっていたからです。

最終的に一九一〇年、日本は朝鮮の同意の上で朝鮮を併合しました。我々がハワイを併合したやり方よりもずっと文明的でした。しかしハワイもハワイ人が他の者から奪った土地であり、ハワイ人が嘆くにはあたりません。

数十万人もの朝鮮人が日本軍に加わりました。朝鮮人の士官もいました。警察官や官吏、日本の国会議員になった朝鮮人もいました。今日、朝鮮人は当時のことを話題にするとき、日本からいかに酷《ひど》い扱いを受けていたか、と嘘をついています。

第二次大戦中「ジャップ」によってなされた同盟軍兵士に対する残虐行為と呼ばれるものの実際は、朝鮮人によるものが大半でした。信頼度や戦闘意欲に問題があったため、朝

**鮮人は看守にされることが多かったのです。看守の中でも朝鮮人は、特に残忍でした。**

アメリカ人は日本人と朝鮮人の違いがわからないので彼らをひっくるめてジャップだと思っていました。オーストラリア人、イギリス人、オランダ人、その他は日本人と朝鮮人を区別できたので、朝鮮人を嫌っていました。

しかし、たとえそうであったとしても、朝鮮人は日本軍の制服を着た本物の日本軍兵士であったので、彼らが関与したすべての戦争犯罪は日本に責任がありました。

つまりこうです。現在、メキシコ市民は米国陸軍に入隊が可能であり（もちろん当時朝鮮人は正真正銘の日本人でしたが）、もしも彼が戦争犯罪をしたならば、我々は「メキシコ人がやった」などとは言えません。彼は米軍兵士です。この場合、米軍兵士が犯罪をしたのです。

同様に、これは日本兵の制服を着た朝鮮人にも当てはまります。彼らは捕虜に対して特に残忍でした。第二次大戦の後、朝鮮人は母国で同胞の朝鮮人を残酷に殺し、ベトナム戦争ではベトナム人市民をも残忍に殺しました。もしも再び北朝鮮と韓国が戦争となれば、彼らは血で血を洗う殺し合いをするでしょう。

このオーストラリアの戦争記録文書を読んでください。そこにこうあります。

「一九四五年、九月、タイ国、サラブリ。日本帝国陸軍の朝鮮人看守を並ばせて戦争犯罪人の特定をしている。朝鮮人監守は泰緬《たいめん》鉄道工事の労役に従事していた連合軍兵士の捕虜に対して最も残忍であった。日本の降伏後、日本兵の戦争犯罪人を特定するための首実検が、かつての戦争捕虜たちによってなされているところ。（ドナー・B・セオボールド）」

## ◉日本生まれの北朝鮮人——非常に憂慮すべき問題

一九一〇年から一九四五年にかけて南北朝鮮は日本の一部でした。ちょうどハワイが米国の一部であるように。もちろん、我々は一九四五年に公式にハワイを米国の領土としたのですが、それよりもずっと以前からハワイは事実上米国のものでした。米国が奪い取ることができて本当に良かった。でなければロシアかどこかの国に盗られていたことでしょう。

それはさておき、いずれにしろ、朝鮮は日本の一部でした。自ら望んで法的に日本に併合されたのです。併合当時、朝鮮人は完全な日本の国民で、その多くが日本に渡りました。彼らは役人や警官、軍の士官などに取りたてられました。一九四五年八月に戦争が終わりましたが、多くの朝鮮人がその後も日本に残ることを選びました。とにかく朝鮮人は日本人だったのです。終戦直後ですら（第二次大戦で日本はほぼ破壊されたが、朝鮮は、いわば膝《ひざ》に少しひっかき傷をつくった程度です）、朝鮮よりも日本の方がよいと彼らは考えました。

朝鮮人の話を聞くと、まるで日本が朝鮮人を何百万人も虐殺した、と思ってしまうかもしれません。だが実際にはそんなことはありませんでした。多くの朝鮮人が殺されたのは第二次大戦後の朝鮮戦争の時です。北朝鮮と韓国の朝鮮人同士の戦い、および米軍とその他の連合国軍と北朝鮮の戦いにおいて多くの朝鮮兵士が命を落としましたが、日本軍は無関係です。

第二次大戦中に朝鮮のどこが爆撃され、どこが侵略されたのかを朝鮮人に尋ねてみてください。怒り出すでしょう。彼らは答えられませんから。

日本が破壊されても、彼らのほとんどが日本に残りました。今日、彼らは日本語を流《りゅう》暢《ちょう》に話し、日本の文化にも通じていて、多くが日本の名前を持っています。日本人ですら彼らが朝鮮人だとわからないほどです。確かに彼らは日本人です。帰化していれば、選挙の結果次第では首相になることもできるでしょう。

だが、信じようと信じまいと彼らの多くは自分のアイデンティティを北朝鮮人だと思っています。それは確かな事実です。もしも戦争が起こったら、それが日本（と米軍）にとってどのような意味を持つのか、を想像してみてください。何が起こるか言わずもがなです。

「Inside North Korea's bubble in Japan」という題で、ユーチューブで公開されているビデオの内容は現実と大きく離反しています。例えば、ビデオでは、韓国と日本の関係が悪いのは日本の右翼が原因だとしていますが、実際には韓国の振る舞いと中国の好戦性のために右翼が力をつけているのを都合よく事実を捻《ね》じ曲げています。

また同じく問題点をはぐらかすために、このビデオでは、韓国で生まれた数百万の韓国人が、一度も日本を訪れたこともないのに、日本に怒り狂っているかのように説明しています。

慰安婦について言えば、当時、売春は完璧に合法でした。韓国人は売春業で有名です。今日でも韓国そのものが巨大な売春宿としてよく知られています。二〇一七年の現在でも、韓国の街角では老女が春を鬻《ひさ》いでいる（売春している）のです。

## ◉ベトナム戦争での韓国人

ソウルに活動拠点を置く英国人作家アンドリュー・サーモンの記事を紹介します（THE KOREA TIMES)。

「流血の惨劇：ベトナム戦争での韓国人」

韓国は戦争犯罪で有名です。韓国人はそのことについて話題にしません。韓国人が知られたくない第二次大戦時の小さな秘密があります。

当時数十万人の韓国人が、日本人として日本軍の軍務に競って志願しました。それで戦時中、多くの同盟国兵士が韓国人によって虐待されました。韓国人は常に力の強い側につきます。日本が第二次大戦に敗れたとき、多くの韓国人は日本を見捨てましたが、彼らは日本に忠誠を誓っていた日本市民でした。

## 【デイビッド・ローズのコメント】

マイケル、あなたは見識の高い優れたアンドリューの記事を取り上げながら、その見識の部分を切り棄てて、韓国全体を単純に善悪の基準で弾劾していますね。もっと良いコメントを期待していたのですが。

私が韓国に滞在したとき、韓国人は普通に、さまざまな動機、見識、欠点を持った人々であることを実感しました。

確かに、第二次大戦で志願兵となった韓国人もいたが、国際ＳＳ部隊のように徴兵された者もいたのです。それに日本人だからと収容所に入れられた日系アメリカ人に聞けばわかるとおり、アメリカだって脛《すね》に傷持つ身です。

しかしながら四世代も前の犯罪について、韓国の国民全体を非難し続けることは、犠牲者の遺体が安らかに埋葬されているのに、憎しみと疑念をかきたてるだけです。戦争犯罪は歴史家だけが整理して記述すればよいのです。核兵器を持ち、我々の同盟国にその矛先を向けている扇動政治屋と対決するためにも、一九五三年から続いている米韓の同盟関係は強化されなければなりません。

## 私の返答

記事から見識をとって棄てたなどということはありません。元記事へのリンクはそこにありますから。

デイビッド、あなたは、「しかしながら四世代も前の……一九五三年から続いている米韓の同盟関係は強化されなければなりません」と書きました。私はまず、あなたの「戦争犯罪は歴史家だけが整理して記述すればよい」という考えに反対です。私は毎日歴史的事実を扱っています。今日も、です。多くの歴史家は煙か鏡か（曖昧でよく調べていないか、人の説を引用するだけ）であり、その他の歴史家は誰かに雇われている奴隷のようなものです。もちろん真剣に歴史に向き合う歴史家もいることはいますが。

韓国政府と韓国国民が、日米間に不和を生じさせる嘘を吐き続けるのをやめない限り、韓国は自分たちの犯した戦争犯罪の事実を記した長いリストをもとに追及されることを覚悟すべきです。韓国と朝鮮民主主義人民共和国の双方は、「歴史に対する犯罪（嘘の歴史）」の件で有罪です。国家だけでなく、嘘の歴史を教え込まれた国民の大多数も有罪です。

## ◉アメリカの大学生との対話

私はサンフランシスコ州立大学の学生です。アンドリュー・ハナミ先生のクラスで日米関係についてレポートを書いています。八つの質問にお教え頂ければ有り難いです。

1. 貴方の背景情報を簡単に教えてください。
2. 日本がその戦争犯罪に関して正当性を主張することに対し、今日アメリカが無関心であるのは、日本の積極的な情報提供がないからでしょうか。あるいはアメリカの政治的判断によるものでしょうか？

両方です、そしてそれ以上です。最も大きいのは、アメリカや西側諸国では情報のやりとりがどのように行われるのか、日本が理解していないことです。この点、欧米と日本では大きな違いがあります。

一九五三年～一九八九年頃ならば、日本はあの戦争について米英の認識だけを相手にしていればよかったし、そのため、中国、韓国ともその歴史観を十分につくり上げておらず、世界にそれを押し出すこともしませんでした。ところが、中国、韓国は、両国とも自身の歴史観の「マーケティング」に非常に長《た》けていました。

「マーケティング」が問題の要です。日本は真実と純粋な意図だけで十分だと信じており、真実を話せば人々は――純粋な意図を持っている限り――それを信じてくれるのが当然だ、と考えます。

しかし西側諸国ではそれは通用しません。そのアイデアを商品と同じように「マーケティング」して売り込まねばならないのです。「公民権法」はデモ行進と演説だけではなく、映画、テレビ、書籍、等々によって獲得されたのです。

日本は自分たちの「物語」を真剣にプレゼンテーションしているようには見えません。他の国々と比べてみてください。いかに諸国がアメリカでいつも「マーケティング」に熱心であったか。多くのアメリカ人が心から好意を持っているイスラエルでさえ、中東の出来事についてはイスラム過激派の主張と戦うために自分たちの主張を「売り込まねば」ならないのです。

それに日本は中国、韓国からの宣伝だけではなく、アメリカがどう見ているかということにも対処せねばならないのです。先の太平洋での大戦を太平洋諸国への圧政からの解放

**のためにアメリカは戦った、と信じられている見解に異議を申し立てることは、アメリカ人の気持ちからすれば大問題です。**

**太平洋戦争の現実は我々（米国）が戦った他のどんな戦争とも同じ地政学的理由によるものでした。我々はただプロパガンダに長けていた、これが決定的でした。**

日本の正当化は、アメリカ人に「あなたのおじいさんは嘘つきだよ」というのと感情的にはほとんど同じ結果となるでしょう。日本は自分たちの物語によってもアメリカ軍兵士の犠牲者は減りはしなかっただろう、それはどうしてか、ということをわからせる必要があります。どちら側の兵士も、正しいと信じることのために戦ったのです。

日本は今、中国・韓国が莫大な金を使ってアメリカの報道、学会、政治家を中国・韓国側に引き寄せようとし、成功を収めている強力なロビー活動に対抗しています。しかし、残念ながら、多くの人にとっては中国・韓国の「魅惑のプログラム」が優勢の状態です。

中国政府はメディアに対してゆうゆうと強硬な態度を取っています。好ましくないメディアには中国市場への参入を禁止するのです。アメリカではハリウッドからニューヨークまで、この事実が知られていますが、残念ながらあまりにも多くの人がそんな態度に追随しているのです。

3．歴史観が対立していても日米両国は友好的な関係を保てるでしょうか？　それとも双方の間でもっとコンセンサスが必要でしょうか？

もし日本がその歴史観を正確に提示するなら、多くのアメリカ人、特に退役軍人は自分たちとは平行線だと感じるでしょう。安倍首相は先般の議会演説で聴衆の中にいたスノーデン大将に言及しました。硫黄島での戦歴がある大将は、旧敵との和解を示すため他の退役軍人とともにその場にいたのです。

歴史には必ず見解の相違があります。問題は、中・韓両国がこれを利用して憎悪と不和を引き起こそうとしていることです。また日本はもっと真剣に、歴史の論理的・感情的なプレゼンテーションを西側諸国に対して行うべきです。

4．フランクリン・ルーズベルトによるＪＢ３５５（日本本土爆撃計画）、蒋介石《しょうかいせき》軍へのアメリカ人パイロットや戦闘機提供は戦争行為だと思いますか？

開戦に先立って、アメリカは中国国民党支援のために多くのことをやりました。飛行機燃料だけでなく、CAMCO（Central Aircraft Manufacturing Company）顧問、公的あるいは民間のアメリカ人（Herbert Yardleyなどの暗号解読者も）によって支援を行いました。強力な諜報艦USS Panayもそうです。十年以上にわたり我が国（米国）の太平洋艦隊緊急事態計画では毎年対日太平洋戦の戦争ゲームが行われていました。日本はこれを知り、抗議を続けていましたが成果がありませんでした。

アメリカはB17爆撃機をフィリピンに、真珠湾に艦隊を配置し、日本領土（台湾）に対する初期攻撃能力を備えました。

ケネディ政権時の十月ミサイル危機（キューバ危機）のことを思い出してください。ソ連とキューバは主権国（キューバ）の中にミサイル基地を建造しつつあり、アメリカは今にも第三次世界大戦を始めるところでした。ソ連は退いて戦争を回避しましたが、これは我が国がその勢力圏や重要な国家安全保障領域をいかに深刻に考えていたかを示しています。はるかに低いレベルではありますが。我が国は中央・南アメリカでも止むことなく介入しています。このような論理を逆にしてみると、当時の日本の行動が理解できるのです。

5. 日本は自前の軍と装備を開発すべきでしょうか？　あるいは独仏両国がEUと協力しているように、同盟諸国と協力して兵器を開発すべきでしょうか？

日本は他のすべての同盟国家とよい関係にあります。どのようなシステムを取り入れるのが最善か、また装備を自国で開発すべきか、日本は検討すべきです。戦争となれば補給線は絶たれる可能性があり、日本はこのことも考えねばなりません。兵器の設計・開発で他国と提携することはわりと普通に行われており、NATOと組めば兵器に関しては共通の軍事基盤ができます。しかしロシアとは敵対することになる可能性があります。この問題はとても複雑です。

6. アメリカは日本に核兵器の保有を許すべきでしょうか？　中国などからの強い政治的反対があっても、それは可能だと思いますか？

**中国は日本が何をしようと常に文句をつけてきます。屈伏し属国とならない限りは。**日本の国民と指導層はこのことを理解し、国際的報道陣に次のことを言うべきです。中国は北朝鮮、パキスタン、そして現在はイランの核兵器計画を積極的に支援したではないか、と。これら三国はテロ支援国家で、これまで七十年にわたりテロとの戦争に積極的に関与しています。中国が日本の核保有について文句を言うのは滑稽です。

**7．アジア諸国に対して日本が戦争犯罪を直接謝罪することは長期的にみて日本の利益となるでしょうか、それとも日本の政治的権益を弱めるでしょうか？**

**日本はすでに謝罪しています。中国は日本が属国とならない限り謝罪を受け入れないでしょう。韓国はもう一世代たたないと成熟国家とならず、自国のほんとうの歴史を理解しないでしょう。だからいつも文句ばかり言っているのです。謝罪と賠償はもうとっくの昔に済んでいます。**今アジア諸国は中国の侵略に対抗する平和国家の地域ファミリーとして将来のために協力すべきであり、過去にこだわるべきではない、そんな時が来ています。

他方、中国は一九三〇年代から今日まで、大躍進、文化革命、天安門事件、チベット、ウイグル、満州、内蒙古《うちもうこ》、ベトナム、インド等々、数百万人のアジア人に対して行ってきた大量殺戮と与えてきた苦しみを謝罪すべきです。そうすれば日本も指導的役割を発揮しようと考え、もしかすれば改めて謝罪を検討するかもしれません。

## 8. 日本は戦争犯罪問題に関して今どういう道筋を取るのが最善でしょうか?

**日本はすでに戦争犯罪について何度も支払いを済ませています。加害者たちは絞首刑となりました。中国は死人を墓から掘り起こし、再度処刑せよと毎年のように言うのです。自分らの意図と人権抑圧から世界の目をそらせるためです。**日本は捕虜に対する罪を公式に認めています。かつて日本を窮地に追いやった状況(人種戦争、貧弱な補給線、計画の欠如)を理解し、そしてそれでも日本がやらなかったことを虚心に受け止めてください。

安倍首相は連邦議会の合同会議ですばらしく振る舞いました。首相は我が国の退役軍人に謝罪しました。歴史問題を引きずれば人種差別の罪、あるいは(中世欧州の反ユダヤ運動を煽動《せんどう》した)「血の中傷」であるとユダヤ人が見なす類の領域に入り込むことになります。そこでは過去現実にあった出来事のため、あるいは現実だと思われた出来事のため、特定の人種であることにいつまでも罪の烙印《らくいん》が押されるのです。

**過去をたどれば、戦争犯罪から免れる国はありません。**ローマ帝国の過剰な暴力について、我々は今もイタリアを責めているでしょうか？　ハンニバル将軍のため、北アフリカには決して自主独立を与えてはならないでしょうか？　中国はとりわけ、古くからの征服と被征服の歴史のため、歴史上の犯罪的な諸国の中でも群を抜いています。日本は「前に進もう」と言うことができなければなりません。

## ◉求む真実！　賞金二万ドルを進呈します

「一九四四年にティニアン島で日本軍が五千人の朝鮮人を殺害した」というローラ・ヒレンブランドの主張を立証できた方には二万ドルを進呈します。

以下は彼女の著書から一九四四年のティニアン島での出来事についての記述を抜粋したものです。

日本軍はこの島で五千人の朝鮮人を労働者として働かせていた。米軍が侵攻して朝鮮人達が敵に寝返ることを恐れた日本軍は「皆殺しの原則」を実行した。五千人の朝鮮人全員を殺害したのだ。

ベストセラー作家のローラ・ヒレンブランドは、その著書『不屈の男 アンブロークン』の中で、一九四四年、日本軍がティニアン島で五千人もの韓国人を殺した、と二度も書いています。出版社にも連絡を取りましたが私の質問に対する回答はありませんでした。ヒレンブランドへの取材も拒否されました。十年ほど前、別件で彼女に取材したことがあります。当時はヒレンブランド女史に好感を持ったのですが……。

事の次第はこうです。我々のチームが関連した別の件を調べているとき、偶然、ヒレンブランドの誤りを見つけたのです。ここに問題の一文を引用します。

全員殺害しろとの命令に従い、日本軍はティニアン島に徴用されていた五千人の朝鮮人全員を大虐殺した。

戦闘は当時、熾烈《しれつ》を極め、多くの日本人と一般市民が自害しました。子供たちと一緒に崖から飛び降りる者や、日本兵によって殺害された例もありました。多くが崖から飛び降りたり洞穴に逃げ込んだりしました。後に降伏した者も多かったのですが、頑として抵抗を続け洞穴から出てこない者もいて、その場合は洞窟に火を入れられたり入り口を封鎖されたりしました。

しばらくしてティニアン島は世界で最も離発着機の多い空港となりました。焼夷弾や原爆を積んだ爆撃機はこの島から日本へ飛び立っていったのです。島は米軍の部隊で溢れていました。しかし**米軍の侵攻以前に大規模な殺人が行われたとの報告は一切ありません。**

当時島には二千四百人の朝鮮人を含めて総計数千人の市民がいたとの報告があります。ヒレンブランドは、その二千四百人の倍以上の人々が殺害されたと書いているのです。

図に示した資料は第二次大戦直後のティニアン島を含む太平洋地域の島々の状況を米政府が調査し記録したものです。

**一九五七年に書かれたこれらのレポートは、現代における日本に対する政治的・社会的圧力とは一切無縁であることに注意してください。戦時中の日本軍に関する中国の「言いがかり」は、戦後数十年たってから始まりました。**

# Chapter XXXVIII

## NATIVE GOVERNMENT AND LAW[1]

### Camp Churo

The last pre-invasion census of Tinian, dated January 1, 1944, showed a population of 17,900. Twenty-six of this number were Chamorros; the remainder were Japanese subjects, chiefly Okinawans and Koreans. An approximate breakdown was: 5 percent Japanese, 70 percent Okinawans, 25 percent Koreans. Shortly after the invasion of the Marshall Islands, some 3000 to 5000 of the people on Tinian, mostly women, children and the aged, were evacuated to Japan. The military personnel on the island at the time of the invasion numbered approximately 9000, equally divided between the Army and the Navy. More than 5000 of the troops were known to have been killed during hostilities.[2]

1944年（米軍が侵攻する前）のティニアン島の人口の推計値が記載されている資料

Thousands of civilians were gathered into the Marine Corps stockades during August 1944 and processed by intelligence personnel. By the end of the month the majority of the people had come in from the hills and the population of Camp Churo was 10,639; 8278 Japanese, 2357 Koreans, and 4 Chinese. The few Chamorros found were transferred to Saipan. Captured military personnel were placed in a prisoner of war stockade.

On October 15, 1944 the civilians in Churo numbered 10,926 in these categories:

| | Japanese | Koreans | Chinese |
|---|---|---|---|
| Men | 2564 | 872 | 1 |
| Women | 1991 | 487 | 2 |
| Children under 15 | 4070 | 938 | 1 |
| | 8625 | 2297 | 4 |

[1] The principal source used for this chapter was the monthly *Military Government Reports*.
[2] Hoffman, C. W., *The Seizure of Tinian*.

553

米軍が侵攻した直後のティニアン島の人口の記録

我々は『ニューヨークタイムズ』のアーカイブも調べました。記事によると、米軍が侵攻したとき島には多くの朝鮮人が居住していて、彼らが募金した六六六・三五ドルを米軍に寄付した、とあります。

ヒレンブランド女史は現実と向き合うべきです。彼女の本は実話と銘打って「ノンフィクション」のカテゴリーに分類されています。アンジェリーナ・ジョリーが監督した映画の原作本にもなっています。ところがその本には明らかな作り話が含まれていたのです。

そんないい加減な本はとるに足らない、と切って捨てることもできましたが、我々は一応、この記述の誤りについて出版社に知らせました。しかし驚くべきことに出版社は我々が伝えたことを一切無視したのです。

我々は巻末にあったヒレンブランドの参考文献や情報源のリストをチェックしました。情報源であるとされた会社にコンタクトをとったところ、その会社はヒレンブランドのあげたレポートに一切関与していないと回答してきました。ヒレンブランドは情報源に直接確認を取ることをしていなかったのです。さらに、もう一つのニュースソースはただの伝聞に過ぎないことも判明しました。

韓国人と中国人は事実ではない歴史を事実と思い込ませるために世界中に記念碑を建立しています。我々は中国の仕掛ける、日本・米国をはじめとする国々への大規模な情報戦争のまっただ中にいます。記念碑や石碑はその武器の一部です。

ヒレンブランド女史は単なる伝聞をあたかも真実のように伝えることで、プロパガンダの罠に落ちてしまったのです。彼女はまんまと騙《だま》されてしまいました。しかし出版社はそのことを認めようとしません。

自らの誤りを認めないことは、それと矛盾する米国海兵隊が行った戦後の戦争捕虜や収容市民の調査に大規模な隠蔽工作があったとか、あるいは致命的な怠慢があった、と言っているようなものです。つまりヒレンブランドは小さな島での五千人の大量虐殺を米国海事委員会と米国海軍が共謀して隠蔽した、あるいは米国海事委員会と米国海軍は、この大量虐殺という戦争犯罪を関知することができないほど無能だったと、言っているのです。

日本への空襲と原爆投下の爆撃機はティニアン島から飛び立っていきました。**もしもティニアン島で五千人もの朝鮮人が日本兵に殺害されたと知っていたならば、アメリカは爆撃を正当化するために喜んで宣伝に使っていたでしょう。しかし当時米軍はそれについて何も言っていません。**

ヒレンブランドは情報の元となる書類をあげておらず、インチキと伝聞を元に「ノンフィクション」に分類されている物語をまことしやかに創作したのです。我々はヒレンブランドの言っていることを支持する記事を見つけることはできませんでした。一九四五年の『ニューヨークタイムズ』に掲載されたティニアン島に関する記事は、ヒレンブランドに対するストレートな反論になっています。

無罪を立証する証拠を示す責任は責められる側（この場合は日本軍）にある、という者もいます。だがそういう理屈はまるで昔の東ドイツか北朝鮮のようでナンセンスです。もしも米軍がアフガニスタンで五千人を殺したと誰かが非難したならば、私はアフガニスタンに飛んでいって、その申し立てが本当かどうか確かめるでしょう。もしもそれが事実であったならば我々は甘んじてその罪を認めましょう。もしもその情報が違っていたら、我々はいわれのない罪を負うべきではありません。

ヒレンブランド女史は本に出てくる場所に行ったこともないし、出版されるまで、その本の「英雄的な主人公」に会ったことすらありませんでした。

ここで大きな疑問が湧いてきます。なぜルイス・ザンペリーニ本人の自伝が出版されなかったのでしょうか。当時、彼は生きていたのですから、正真正銘の自伝を出版することができたはずです。
二〇一五年、私はバターンと「死の鉄道」に行き、日本軍による戦争犯罪を調査してきました。戦争犯罪は確かにありました。証拠も残っています。ビルマでは他の戦争犯罪の証拠もありました。日本人に好意を持っている当時の目撃者にも取材をしました。調査のためにインドネシアやマレーシアにも行きました。今後、タイ国、日本、その他でも調査をするつもりです。

**信じる信じないにかかわらず、日本人は多くの国で尊敬されています。これまでにアジア各国で、第二次世界大戦を知るお歳を召した方々を取材しました。彼らは皆一様に第二次大戦中の日本人に好意を持っていました。フィリピン、ビルマ、タイでも当時の日本軍についての印象を聞きました。その答えは「日本軍は、我々をまるで兄弟か姉妹のように扱ってくれた」でした（異なる文化の人々が当時の日本軍のことを同じように言っているのは興味深いことです）。**

このような聞き取り調査は、あちこちの土質のサンプルを採取しているようなものかもしれません。つまりあるところでは日本人は尊敬されていて、別の場所では日本軍の犯した戦争犯罪が住民たちに記憶されています。しかし当時、同じような戦争犯罪が各所で発生していたことはよく知られている事実です。つまり我々アメリカについても同じようなことが言えるのです。

米国では正義と真実が重んじられます。我々は北朝鮮ではありません。我々はアメリカ人です。現在の敵でも昔の敵でも、よいところは認めなければなりません。真実を持ってこそ正義がなされるのです。

五千人が殺されたということは五千もの戦争犯罪に匹敵します。戦争犯罪に時効はありません。こんなことを言うと「お前はホロコースト否定論者か？」などと言ってくる者もいます。実際、中国の罠に引っかかった著述家兼ジャーナリストが私に難癖をつけにきました。**ナチスの戦時残虐行為について証明する記録や証拠は、一立方マイル四方の空間を埋め尽くすほど存在します。世界で最も速読できる人でも、一生かかっても読み尽くせないほどです。しかし日本兵がティニアン島で五千人の朝鮮人を殺害したとの証拠は何もありません。根本的に異なる話です。**

どちらにするか決めるときです。「金を出して口も出すか、さもなければ黙るか」。私は金を出して口も出す方を選びます。もしも誰か米国公文書館や同等の信頼できる情報源からの証拠を発見し、ヒレンブランドに我々がかけた「疑い」を晴らすことができたならば、その者に記念として私のポケットマネーから二万ドルを進呈します。実はまだ多くの問題が本にはありますが、今は上記の二点についてだけ指摘しておきます。

さあ、テーブルに二万ドルあります。

私は挑戦者を待っています。

支払いは現金、ペイパル、マネーオーダー、いずれでもかまいません。挑戦してみませんか？

## ◉真珠湾攻撃から七十五年

当時、我が米国の為政者と軍の指導者は、真珠湾に駐留していた部隊を見殺しにしました。非常に悲しむべきことです。日本の攻撃が差し迫っていることは世界中が知っていました。新聞は攻撃が近いことを報道していました。真珠湾攻撃が卑怯《ひきょう》な急襲ではなかったことを知らされると、アメリカ人の多くは、「日本が真珠湾を攻撃するとは思わなかった」と、以前とは違った理由で日本を非難しようとします。

しかし、これは奇妙なことです。なぜなら添付した秘密指令文書で、真珠湾攻撃のちょうど一週間前に日本のカリフォルニアへの攻撃を予測し、それに対して準備をしていたことが明らかだからです。

もちろん日本から真珠湾やサンフランシスコを攻撃するための最適な航行ルートは知りませんが、実際に地球儀を見てみると、真珠湾までの最短距離はおよそ三千八百マイル、サンフランシスコまではおよそ五千マイルということがわかります。カリフォルニアへの攻撃には準備しておきながら、ハワイ（およびフィリピン）には何の準備もしなかった、というのでしょうか。

他に**よくある非難の理由としては「日本の宣戦布告が少し遅れた」というものです。そんなことを誰が気にするでしょう？　我々は攻撃が差し迫っていることを「知っていた」のです。**これ以上議論の余地はありません。これは事実です。我々の同胞は真珠湾で死んで、その身を生贄《いけにえ》の仔羊にされました。攻撃が近いことは新聞の見出しに大きく載っていました。

イラクとアフガニスタンでは、敵が「今から吹っ飛ばすぞ」と宣言するのを待っていたりはしませんでした。我々は攻撃されると「知って」いました。もしも司令官が警備隊に伝えるのを怠ったとしても（バスティオン基地でそれは実際に起こり、ハリアー戦闘機と海兵

16, Cards 0! O. S. C. Wins To Get Rose Bowl Bid

HILO TRIBUNE HERALD

FINAL EDITION

HILO, HAWAII, SUNDAY, NOVEMBER 30, 1941

JAPAN MAY STRIKE OVER WEEKEND

Steps Taken To End Dock Delays Here

FOOTBALL SCORES

Midshipmen, Pitt, Huskies Other Winners

Army Charters Humuula For 16 Day Period

Reds Re-Take Rostov After Classic Move

Tokyo Desperate As Talks Collapse

Tojo Demands Asia 'Purge'

日本軍の爆撃が今週中にもあることを伝える当時のハワイの新聞

隊員二名を失いました）、それは敵のせいではありません。

**一九四一年十二月七日以降、アメリカが宣戦布告をしたのはいつのことだったでしょうか？　もっと専門的に、正確に言えば、第二次大戦時を除いて、米国は宣戦布告をしていません。**

第二次大戦時、真珠湾攻撃の数日後にドイツとイタリアに、数カ月後にハンガリーとブルガリアに、そして一九四二年六月五日にルーマニアに宣戦布告し、それが最後の宣戦布告となりました。それ以来、米国は、力の行使を宣言しても、戦争の宣戦布告はしていません。**すなわち、第二次大戦後に我々が戦ってきた戦争、および今も戦っている数々の戦争では宣戦布告は一切されていないということです。**あれからいったい幾つの戦争を戦ってきたのでしょうか。

第二次大戦後に米国が関与した戦争をすべてリストアップするのは大変困難です。真摯な歴史学者と、おそらくCIAの助けが必要でしょう。

例えば、私はあるリストを見ていて何かが足りないことに気がつきました。チベットでの、中国に対する戦争です。米国はこの件で宣戦布告はしていません。ほとんどのアメリカ人はチベットでの中国に対する代理戦争について気がついていないようです。私はこのことをネパールの辺境の村で偶然知り、後にそれが事実であることを確認しました。現在では前よりもよく知られるようになってきましたが。

コロラド州でチベット東部のカム地方（Khams）のチベット人に装備を与え戦闘訓練を施し、チベットに戻して中国軍と戦わせました。しかし、後にキッシンジャーとニクソンが彼らを見捨てました。

**真珠湾攻撃奇襲について調べれば調べるほど、そのときに亡くなった我が軍の兵士たちは、米国政府が日本を小突きまわしちょっかいをかけ、首を絞めた後、その日本をおびき寄せる生き餌《え》として犠牲となったことに気づくのです。米国は実際、何年にもわたって日本を攻撃していました。**

**おそらく九十九・九九九パーセントのアメリカ人は、真珠湾攻撃の前に米国が日本人を**

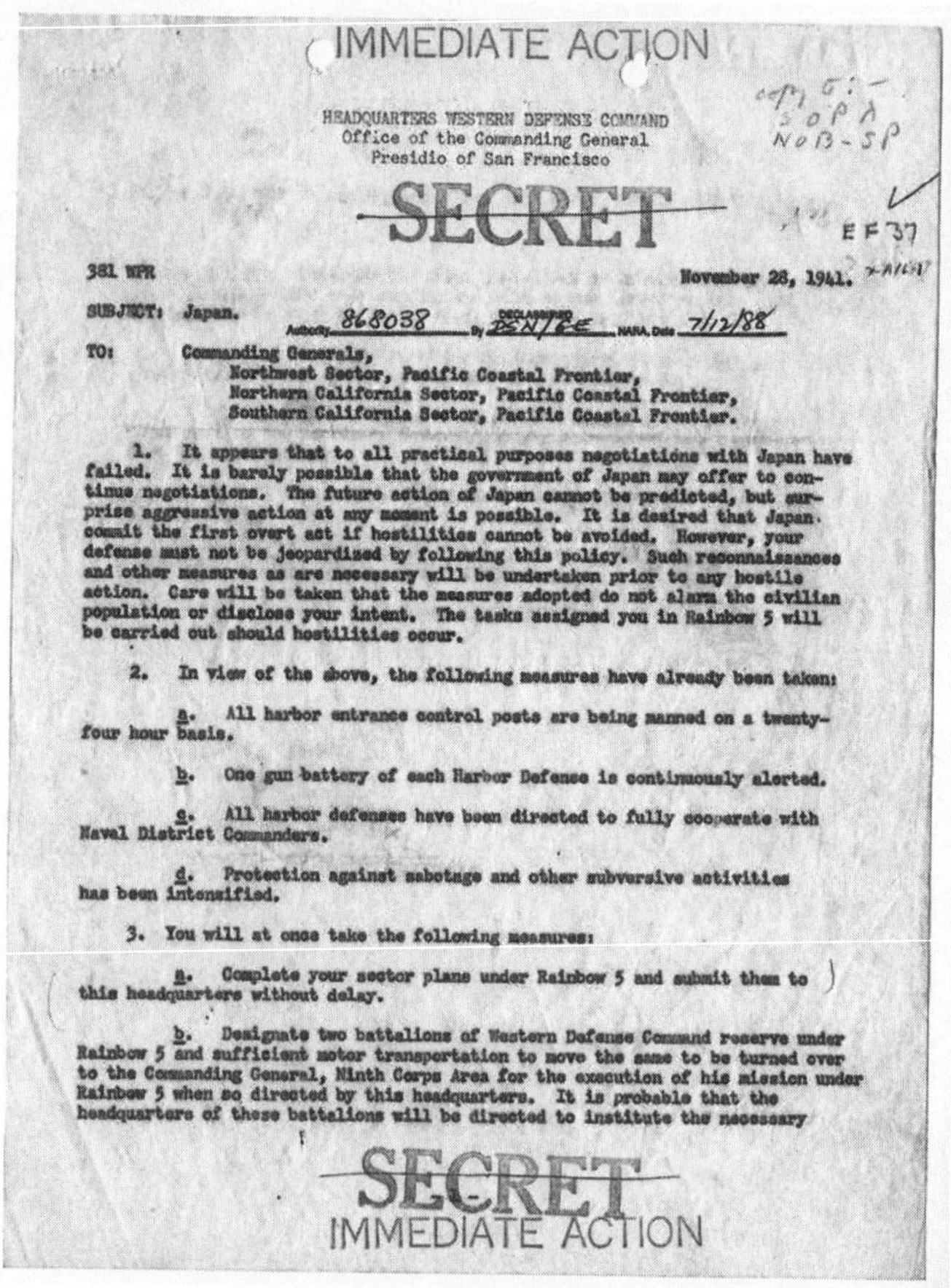

IMMEDIATE ACTION

HEADQUARTERS WESTERN DEFENSE COMMAND
Office of the Commanding General
Presidio of San Francisco

~~SECRET~~

381 WPR November 28, 1941.

SUBJECT: Japan.

Authority 868038 By DECLASSIFIED DEN/TEE NARA, Date 7/12/88

TO: Commanding Generals,
Northwest Sector, Pacific Coastal Frontier,
Northern California Sector, Pacific Coastal Frontier,
Southern California Sector, Pacific Coastal Frontier.

1. It appears that to all practical purposes negotiations with Japan have failed. It is barely possible that the government of Japan may offer to continue negotiations. The future action of Japan cannot be predicted, but surprise aggressive action at any moment is possible. It is desired that Japan commit the first overt act if hostilities cannot be avoided. However, your defense must not be jeopardized by following this policy. Such reconnaissances and other measures as are necessary will be undertaken prior to any hostile action. Care will be taken that the measures adopted do not alarm the civilian population or disclose your intent. The tasks assigned you in Rainbow 5 will be carried out should hostilities occur.

2. In view of the above, the following measures have already been taken:

a. All harbor entrance control posts are being manned on a twenty-four hour basis.

b. One gun battery of each Harbor Defense is continuously alerted.

c. All harbor defenses have been directed to fully cooperate with Naval District Commanders.

d. Protection against sabotage and other subversive activities has been intensified.

3. You will at once take the following measures:

a. Complete your sector plans under Rainbow 5 and submit them to this headquarters without delay.

b. Designate two battalions of Western Defense Command reserve under Rainbow 5 and sufficient motor transportation to move the same to be turned over to the Commanding General, Ninth Corps Area for the execution of his mission under Rainbow 5 when so directed by this headquarters. It is probable that the headquarters of these battalions will be directed to institute the necessary

~~SECRET~~
IMMEDIATE ACTION

あらかじめ日本の攻撃を予見し、それに備えるよう指令した文書。「最初に日本が我々に攻撃をしてくることが望ましい」と記載されている。

殺していたことに気がついていません。学校で教えられていませんから。

秘密文書の第一段落を見るとこうあります。

「日本の敵愾心《てきがいしん》を取り除くことができないならば、日本が最初に明白な攻撃をしてくることが望ましい」

米国は日本の敵愾心を取り除くようなことは何一つしませんでした。本心では日本が最初に攻撃してくることを望んでいたのです。生け贄の仔羊たち。皮肉にもこの日は米国の汚名の日として歴史に刻まれることでしょう。

## ◉一九四一年から続く改竄と陰謀――パールハーバー

一九四一年十二月七日にいわれなき奇襲攻撃を受けた、と言うのはルーズベルトの陰謀と改竄《かいざん》ですが、いまだに何千万人ものアメリカ人がそのことを疑わないのには驚きです。

あの日から続く戦闘で戦死した兵士に対してむごい仕打ちです。この日に我々は卑怯な奇襲攻撃を受けた、という作り話は、ジョン・ウェインの神話――敵は理由なく騙し討ちをする――を信じているのと同じであり、ルーズベルト大統領によって誘導された「道義上の罪」を犯していることになります。ルーズベルトの作り話を信じるのは、月面着陸は嘘だったとか、世界貿易センタービルへの攻撃はアメリカ政府の手によるものだなどといった類の陰謀論信者と同じレベルです。

真珠湾攻撃の何年も前から米国は爆薬で日本人を攻撃していました。例えば一九三二年のロバート・ショート（Robert Short）の空爆や、一九三八年、ビンセント・シュミット（Vincent Schmidt）が日本統治下の台湾（Formosa）をソ連軍と支那軍と共に爆撃したことなどが挙げられます。

ルーズベルトを正当化し続けることは、あの日から続く戦争で犠牲となった我がアメリカ国民に対しての冒瀆《ぼうとく》です。

## ◉ダグラス・マッカーサー元帥の証言

ある海軍将校が私にこれを読むようにと送ってきました。それは、マッカーサー元帥の証言記録でした。一九五一年当時のことが今でもあてはまるから読むように、と言うのが理由です。

確かにこれは今現在の状況にぴったりあてはまります。まるでマッカーサー元帥は水晶玉を通して未来を視ていたかのようです。米軍人には必読です。日本人、フィリピン人、オーストラリア人、シンガポール人、タイ人、ベトナム人など、アジアの人々は皆読むべきです。マッカーサー元帥は驚くべき正確さで未来を予言しています。

以下は一九五一年四月十九日の米国議会記録「ダグラス・マッカーサー元帥の証言」からの抜粋です。

戦後、日本国民は近代史に残る大改革を経験しました。賞賛に値する意志力、熱心な学習意欲、および際だった理解力をもって、戦後の灰燼《かいじん》の中から立ち上がった日本は「個人の自由と人間の尊厳」を掲げた殿堂を建てつつ、政治道徳、自由経済、社会正義を実行すると誓う、真に国民の代表たる政府を創りあげました。

政治的、経済的、および社会的に、今、日本は、この地球上の多くの自由主義諸国の仲間となり、二度と世界の信頼を決して裏切らないでしょう。アジアにおけるさまざまな出来事に対して深く利益のある影響を及ぼすと期待されるということは、日本国民が先の戦争の挑戦を受け、外敵に取り囲まれた不安と混乱のなかでも前線における共産主義を食い止め、それでもなお前進することを少しもやめようとはしなかった堂々たる戦いぶりで明らかです。

私は日本に駐留する四個師団すべてを朝鮮の前線に送りましたが、そのことによる力の空白で生じる日本での影響について何らためらいはありませんでした。その結果はまさに私の確信していた通りでした。

**私はこんなにも穏やかな、整然として規律正しく勤勉で、人類が発展するために建設的な役割を担《にな》おうという未来への高い志を持つ国を日本以外に知りません。**

## ◉日本人収容施設

信じられない物語がここにあります。我々の祖国である米国は、第二次大戦中、約十二万人の日本人を収容所に送りました。財産のみならず商売や仕事までも奪われた彼らは、身の回りの物だけを持って収容所に向かいました。米国市民であり、アメリカ人であったのに。

米国の犯罪的仕打ちにもかかわらず、彼らの多くの若者は米軍に入隊し第四四二連隊で戦いました。私の友人の一人は、今、ハワイの第四四二連隊の士官ですが、彼によると、入隊したばかりの若い兵士はまず、第四四二連隊の輝かしい歴史を教えられるそうです。

第四四二連隊は規模は大きくないものの、米軍の歴史上、もっとも勇猛を馳せたことで有名な部隊となりました。米国名誉勲章をはじめ、その他多くの栄誉ある勲章を受けています。

かつて、友人の退役軍人と私はロサンゼルスにある四四二連隊記念館を訪れたことがあります。もしもあなたがロサンゼルスに来たら、ぜひ四四二連隊の記念館を訪れて静かな時間を過ごしてほしい。多くを学べるでしょう。米国を代表してアメリカ在住日本人に謝罪したのは、一九八八年、ロナルド・レーガン大統領でした。彼は立派な大統領でした。

## ◉インドネシアに眠る日本兵

今日は興味深い日です。修正主義の「歴史家たち」が、あたかも連合軍が日本の支配からアジアを救ったかのような話を披露していました。実際はその反対です。日本は西洋の悪の支配からアジアを救った（あるいは再び自ら動けるようにした）のです。中国はその次の時代の問題ある帝国ですが……。話が脇にそれるのでやめておきます。

日本は米国海軍が黒船外交で一八五三年にやってくるまで鎖国していました。西洋の帝国はアジア全土をくまなく蹂躙《じゅうりん》しました。日本とシャム（現在のタイ国）のみが抵抗しました。タイ国はフランスと戦わなければなりませんでした。日本はその短い戦争を助けました。タイは勝利しました。日本は帝国にならざるを得ませんでした。さもなくば列強国の餌食《えじき》となったことでしょう。ロシア、英国、フランス、米国、その他多くの国が武力を増強し獲物を求めていました。

第二次大戦の前、オランダは数世紀にもわたってインドネシアを支配しました。彼らは情け容赦ありませんでした。石油を搾取《さくしゅ》し、日本への輸出を禁じたのです。日本にはほとんど資源がありませんでした。石油、錫《すず》、ゴムなど一切ありませんでした。我々連合国は資源の日本への輸出を禁ずることでじわじわと絞め殺そうとしていたのです。日本は、パールハーバー作戦などの奇襲攻撃によりとうとう反撃に出ました。彼らはインドネシアでオランダを打ち負かしました。その多くをタイ国に移送し、タイ・ビルマの「死の鉄道」

（泰緬《たいめん》鉄道：Death Railway）で働かせました。

戦後、二千人以上の日本人兵士がインドネシアに残留し、独立のために戦いを続けました。彼らはヒーローと称され、何人かはインドネシア版の「アーリントン墓地」に埋葬されています（45ページ参照）。

友人と私はそこを訪れ、日本兵たちの墓を見てきました。ムスリムたちの隣に埋葬されていました。普通、ムスリムは非ムスリムの者とは同じ所に埋葬されません。しかし彼ら日本兵はヒーローなのです。戦後、オランダは再びやってきて残虐なことを繰り返しましたが、残っていた日本兵たちが反撃しました。最終的に米国が介入してオランダを退去させました。

ゆえにアジアの多くにおいて、日本はアジアの独立の母です。米国は父です。

しかし、今、父と母は大きな問題を抱えています。中国が大きくなりすぎたのです。

## ◉ビルマで行方不明となった日本兵

米軍の退役将校二名（うち一名は国会議員に立候補を表明）と、ビルマで第二次大戦中行方不明となった日本人兵士を捜している日本人、それを手助けしているビルマ人と非常に興味深いミーティングをしました。

彼らは日本に帰すべき多くの日本人の遺骨を発見しました。写真や書類などの確かな証拠も示しました。遺骨の多くは危険な洞窟の奥にありました。奇妙なことに多くの遺骨には頭部がありませんでした。なぜ日本人の遺骨であるかというと、日本軍の武器や時には書類が近くにあるのです。

遺骨を見つける方法は単純です。土地の長老を探し出し、話を聞きます。長老は遺骨のあるところへ案内してくれます（私はタイとビルマ／ミャンマーで同じことをしました。非常に効果的な方法です）。なぜ頭部がないのか尋ね、その答えに驚きました。彼らが言うには日本人を殺せば英国人たちがお金を支払ってくれたそうです。本当なのでしょうか。頭部は殺したことの証拠だったそうです。探索を手伝ってくれている現地のスタッフは、彼の祖父が多くの日本兵を殺してお金を得たらしいと言っていました。信じられません。もしも本当ならば戦争犯罪です。戦争当時日本人を殺すことは戦争犯罪ではないでしょうが、その頭部に対してお金を払う行為は犯罪です。

証拠は十分信頼できるものです。私は第二次大戦中において英国兵がこのようなことをしていたとは聞いたことがありません。もしもこれが本当ならば、我々はそれが起こった時期をある程度特定できますし、もしもお金が手渡されたのならば英国のアーカイブにその記録が残っているはずです。いずれにしても一九四四年から一九四五年の戦争末期でしょうから記録を探す範囲もかなり絞れます。もちろん英国を中傷しようとしているのではありません。今となっては証拠の多くが残っているかどうかわかりませんが、それでもこれは歴史の一面を垣間見るという点において興味深いことでしょう。

調査チームが言うには少なくとも百カ所ほど同様なサイトを確認し、現在、日本政府が遺骨の回収を行っているそうです。日本には米軍の遺骨回収システムのようなものがないのでサイトの探索にはＮＧＯやボランティアに頼っているのが実態です。行方不明になっている米軍兵も発見できるかもしれないと言われました。私は調査地点の正確な位置情報がわかったらぜひ教えてほしいと伝えました。情報が本当ならばすぐに米国陸軍に連絡を取るつもりです。このような調査は危険でもあります。遺骨の多くは手榴弾などの武器弾薬などと一緒に見つかります。日本軍の手榴弾は信管にピクリン酸を使っていて、それが今日では作業がより危険になる要因となっています。

いずれにしろ調査チームが米軍や英軍の兵士の遺骨を見つけたならば、私も確認してから、あるいはそのまま情報を米軍あるいは英国軍に伝えます。彼らはきっと打ち捨てられた米・英軍兵士の墓を見つけたのだと思います。私も同じような日本兵の墓を見つけたことがありますが、調査チームは古い歴史の記憶にうずもれてしまった多くの日本兵の遺骨を見つけつつあります。

## ◉済州島の「四・三平和記念館」

アンドリュー・サーモン（ソウル駐在のデイリー・テレグラフの英国人記者）による素晴らしい記事です。この件に米国が関与している証拠は一つもありません。これは大きな情報戦争パズルの一部です。

「韓国の幽霊島である済州島《チェジュ》——ようやく死者が声をあげる。
七十年前、現代のリゾートである済州島にて、共産主義者と見なされた住民が急襲され、およそ三万人が虐殺された。今、その批判の矛先はアメリカに向けられている」

慰安婦ペテンについて調査するため、「四・三平和記念館」（「四・三」は一九四八年四月三日に発生した武装蜂起にちなみます）で一日を過ごしたことがあります。四・三平和記念館は、やはり慰安婦問題について調査するために以前訪れた中国の南京戦争記念博物館を連想させました。どちらの施設も「洗脳の日」を過ごす子供たちでいっぱいでした。

たしかに済州島では虐殺がありました。もしも済州島に行く機会があればぜひ、記念館を見学してください。この記念館は、韓国人が韓国人を虐殺した歴史の事実を教えるのではなく、米国に対する憎しみを韓国人に植え付ける社《やしろ》であることがわかるでしょう。彼らは米国への憎しみをあおり立てるために記念館を利用しています、アメリカはこの件に関わりがないのにもかかわらず。

歴史の枠組みから言うと、朝鮮は合法的に自らの意志で一九一〇年に日本に併合されました。一九一〇年から一九四五年にかけて朝鮮人は日本人でした。

数十万人の韓国人が日本軍で軍務に服しました。朝鮮人は我々の敵であり、我々アメリカ人と戦いました。一九四五年八月に米国と日本／朝鮮との戦争は終わりました。米国は日本と韓国を占領しました。戦争によって日本はその国土を大規模に破壊されましたが、韓国は事実上、何も被害を受けませんでした。しかしながら今日、韓国人に話を聞くと、さも韓国が第二次大戦でどの国よりも大きな被害を受けたかのように言います。実際には、何も被害を受けていません。朝鮮には侵攻や爆撃作戦は行われず、鳥やコオロギが鳴いているだけでした。

国土を破壊された日本は、自らの国を立て直すために立ち上がりました。当時、多くのオーストラリア兵やアメリカ兵が日本の女性をレイプしたという信頼できる報告がありますが、それが引き金となった暴動などはありませんでした。

オーストラリア人の情報将校であるアラン・クリフトンによって書かれた『桜の散るとき』という本が私の机の上にあります。この本は一九五一年に出版されました。一九四六年、イギリス連邦占領軍として任務についた日本での経験を詳述したものです。この本でクリフトン氏は、日本人に対して為された多くの犯罪行為を記しています。クリフトンはその本によってオーストラリアで不評を買いました。

その一方で、日本海をまたいだ韓国では、占領軍が新しい韓国政府をつくろうとしていました。しかし歴史上のこの時点において、朝鮮人は日本が「残忍な占領」をした、などということは一言も口にしていませんでした。なぜならそのようなことはなかったからです。

**一九八三年、日本人の共産主義者である吉田清治が、「日本軍が済州島で朝鮮人女性を性奴隷にするために約二百人拉致した」との慰安婦のペテン（後に嘘だったと本人が認めた）を始めるまで、慰安婦問題は存在しませんでした。性奴隷のペテン話を作ったのは南北朝鮮でも中国でもなく、一人の日本人共産主義者だったのです。**

いずれにしろ韓国人は互いを虐殺し始めました。今日、彼らは済州島で三万人が虐殺されたと言っていますが、その同じ口で、彼らは最初（本に書かれてあったとおり）二百人の女性がさらわれたと主張していました。その後二千人にふくれあがり、後に二万人となり、つい最近では四十万人などという途方もない数字を出してきました。だが四十万人という数を信じさせるには無理があると悟ったらしく、二十万人に数を減らして何年もその数を使い回しています。慰安婦問題について書くジャーナリストの大多数はそれを信じてその数字を使うか、あるいは単にオウムのように慰安婦の物語を繰り返しているだけです。普通はこんな話を作り上げることなどできません。

だが韓国人は作り上げました。

今、韓国には慰安婦博物館と慰安婦像があります。私が何度もそれらを調査している間に、済州島の情報戦士たちは、「四・三平和記念館」というとんでもないものを建てました。

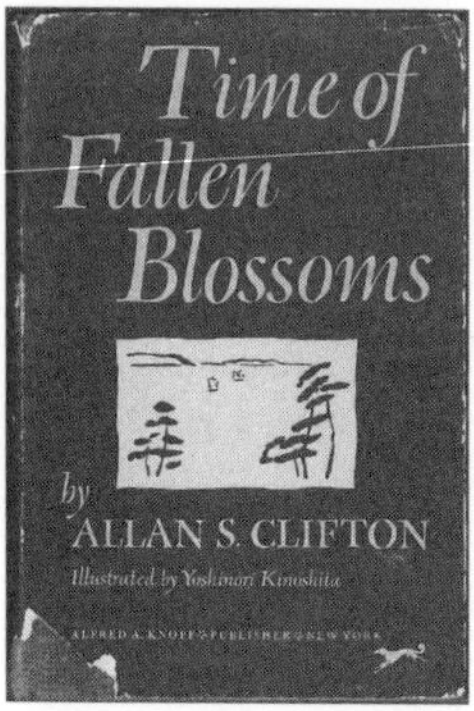


アラン・クリフトンの『桜の散るとき』

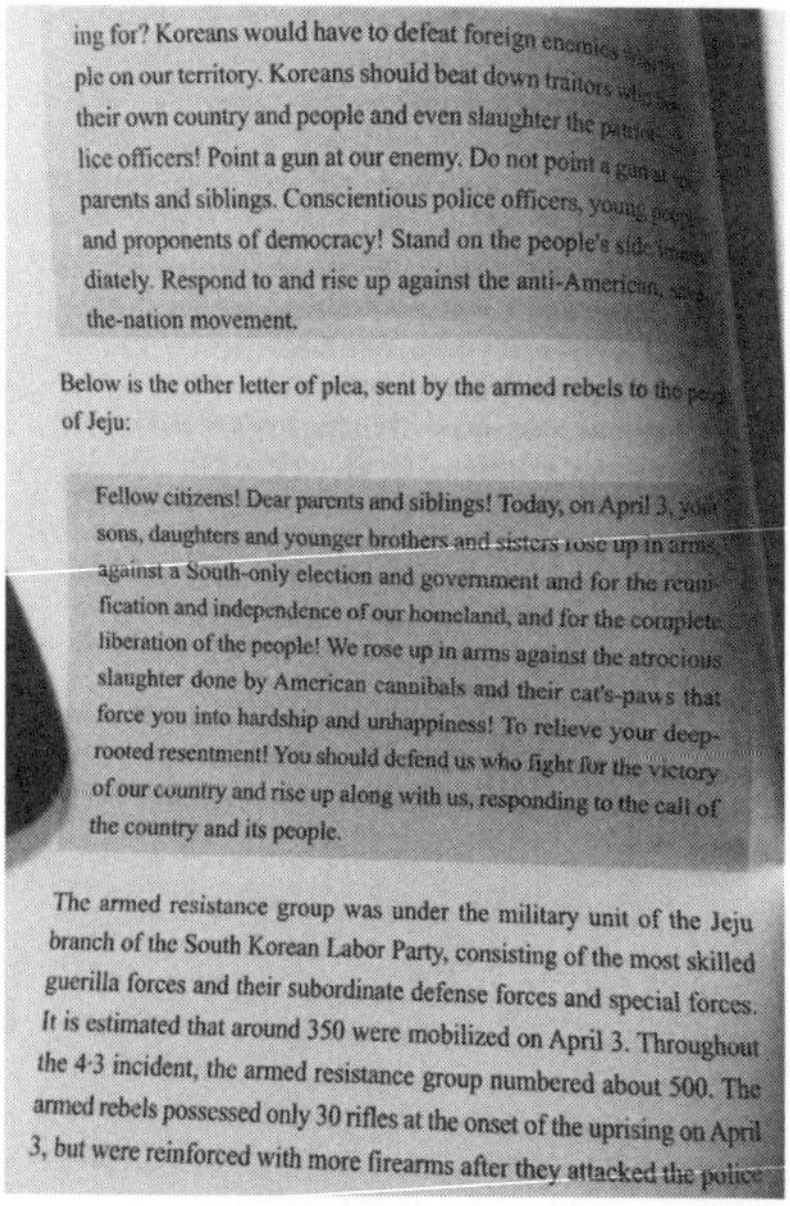

ing for? Koreans would have to defeat foreign enemies ... ple on our territory. Koreans should beat down traitors ... their own country and people and even slaughter the ... lice officers! Point a gun at our enemy. Do not point a gun at ... parents and siblings. Conscientious police officers, young ... and proponents of democracy! Stand on the people's side ... diately. Respond to and rise up against the anti-American, ... the-nation movement.

Below is the other letter of plea, sent by the armed rebels to the ... of Jeju:

Fellow citizens! Dear parents and siblings! Today, on April 3, your sons, daughters and younger brothers and sisters rose up in arms against a South-only election and government and for the reunification and independence of our homeland, and for the complete liberation of the people! We rose up in arms against the atrocious slaughter done by American cannibals and their cat's-paws that force you into hardship and unhappiness! To relieve your deep-rooted resentment! You should defend us who fight for the victory of our country and rise up along with us, responding to the call of the country and its people.

The armed resistance group was under the military unit of the Jeju branch of the South Korean Labor Party, consisting of the most skilled guerilla forces and their subordinate defense forces and special forces. It is estimated that around 350 were mobilized on April 3. Throughout the 4·3 incident, the armed resistance group numbered about 500. The armed rebels possessed only 30 rifles at the onset of the uprising on April 3, but were reinforced with more firearms after they attacked the police

パンフレットの1ページ。中程にAmerican cannibals（アメリカ人食人種）と書かれている

「四・三」の物語あるいは慰安婦の物語の目的は、韓国に日米を憎ませて溝をつくり、我々の同盟関係を断ち切ることです。

202ページの写真は、占領軍が日本の婦人を強姦したことを記述してある『桜の散るとき』の本の表紙と、済州島の「虐殺博物館」で買った、別のパンフレットの一ページです。これに、我々アメリカ人は「アメリカ人食人種」と呼ばれていることに気づきましたか？　パンフレットの写真の中程です。

## ◉日本と中国の歴史――読者からの質問

読者から質問を受けました。

「今まで、日本が中国にいかに残酷であったのか、あるいは逆に中国が日本にいかに残酷であったたか、という本を読んだり、映画を観たりしました。これは過去数百年間のことと思いますが、できれば過去数世紀にわたる二国間の関係に関して、あまり偏見のない本がありましたら推薦していただけませんか。よろしくお願いします」

私のチームではアジアの歴史についてしばしば調査や議論を行っています。その中でわかったことは、歴史とは定説の通りではなく、私たちの周囲には大規模な情報戦とそれに付随するいくつもの小規模の情報戦が繰り広げられているということです。台風のようなプロパガンダの嵐の中で、我々の調査研究が一筋の光をあてるように事実をえぐり出すこともあります。

注記：現在の中共（中国共産党）は一九四九年に建国しました。この点は重要です。中共が存在する前に日本が中共を粉砕するなどあり得ません。確かに日本は満州などに侵攻しました。しかしそれに対して現代の中共は特に不平はないはずです。なにしろ当時、共産党政府は存在していませんでしたから。

米国が日本との第二次大戦の前哨戦《ぜんしょうせん》を行っていた時代には、現代と同様に、嘘が巧妙にばら撒《ま》かれていました。私はフロリダ出身ですが、ナチスと日本が世界を支配しようとしていたと聞かされ、教えられて育ちました。実際はナチスと共産主義者が世界を支配しようとしていたのですが、日本は違いました。日本はナチスも共産主義者も嫌っていました。日本には天皇がいるからです。ナチスと共産主義者は天皇や王様、女王などとは相容れません（それゆえタイは米国の助けも借りて共産主義を弾圧してきました。しかしこれは別の話です)。

日本はナチスと同盟関係を結びましたが、それは我々がサウジアラビアなどの国々と同盟関係にあるのと同じようなもので、例えばサウジアラビア（KSA、Kingdom of Saudi Arabia）は、国家の安全保障とお金以外は、アメリカと共通の関心はほとんどありません。そういう関係です。

日本は自国の国土が侵略され破壊され、他国に奪われてしまうことを恐れていました。日本とドイツの間の共通の関心事項はそのことでしたが、ナチスは世界を支配しようとしました。日本は自国の安全保障を確かなものにするために十分なだけの地域を手に入れようとしました。

日本人は仏教や神道を広めようとしていたわけではありません。我々は「与えられた使命」をモットーに、神の名の下に西部開拓を推し進めました。しかし日本は仏教や神道の布教のためにアジアの国々を開拓したのではありません。一方で、日本以外の国々には、共産主義を広める使命、ナチスの勢力を拡大する使命、イスラム教を布教する使命、キリスト教を布教する使命がありました。

日本以外で神社があったとしても、ごく少数です。私がフィリピンやタイで見たのはささやかなお社でした。日本人は、世界に彼らのイメージを押しつけようとしたのではなかった。古い記録を調べてみると、当時、日本は数多くの巨大でどう猛な狼に取り囲まれており、そのことに非常に頭を悩ませていたことがわかります。

真珠湾攻撃はぎりぎりの決断でした。とても敵《かな》わないとわかっている相手の顔面にパンチを繰り出す――（アメリカが日本に必要な石油や重要資源を絶っていたので）日々体力は弱っていく。到底無傷ではいられないだろうが、まさに今、やらなければ永遠にチャンスはない――大男に首を絞められつつある――ダーティーなナチスと仲良くしなければならない――生き残りをかけて――日本は殴りかかったが、大勢の敵に連打されて地に崩れ落ちる。数で圧倒され、謀略に負け、資源が枯渇した状態で。

日本は資源が底をついているのにもかかわらず戦いました。信じられないファイターですが、それだけでは不十分でした。興味深いことに今もなお、しばしば日本とナチスとを比較する人がいますが、比較すること自体、日本やナチスのことを何も知らないか、何か理由があって嘘をついていることを露呈しています。旧日本軍が大量殺戮《さつりく》に関わったというのは、単なるまやかしです。もちろん多くの戦争犯罪はしたでしょうが、大量殺戮、すなわち多くのヨーロッパ諸国が行ったような、アメリカが先住民にしたような大量殺戮はしていません。

日本が地球を征服しようとしていた、というプロパガンダを田舎の少年に吹き込むのは簡単でした。当時、外国のことを知るには州立の学校で教えられること、ラジオ、数少ない新聞や雑誌、伝聞しかなかったからです。為政者は日本が人も資源も決定的に不足していたのを知っていました。しかしアメリカ人のほとんどは情報不足だったので、日本がすぐに米国を征服しにやってくると思って恐怖にかられたのです。

## ◉日本だけが悪者なのか

オーストラリア人とアメリカ人は、日本兵が犯したとされる戦争犯罪に対しての申し立てをいとも簡単に信じるようです。彼らにとっては、それが身の毛もよだつ戦争犯罪であればあるほど、より信憑《しんぴょう》性が増すようです。告発は常に額面どおり受け取られます。たとえまったく信用のならない中国人が告発したとしても。

中国人はまったく信用できないと見なされているのに、なぜか彼らが日本のことを悪く言っている場合に限って、まるで神に誓って証言しているかのようにすべて真実のみを述べていると見なされます。

同様にどんなに信用のおけるものであったとしても、日本が発する申し開きの証拠は一切受け付けてもらえません。仮に、日本兵が犯罪があったときに月にいたことを証明できたとしても、結局は有罪とされるでしょう。

多くの戦争犯罪がありました。誰もそれを否定していません。しかしながら著しい誇張や、まったくの嘘、偏見はアメリカ人の道理に外れています。少なくとも我々の適応原理にそぐわないものです。

まったく皮肉なことですが、日本に対する慰安婦の件に関わることにならなかったならば、朝鮮人、中国人、米国人、オランダ人、オーストラリア人、その他の国の人々の数多くの戦争犯罪を知ることはなかったでしょう。

私を悪く思わないでください。我々のすべてが多くの戦争犯罪をしたことは知っています。しかしながらいかに多くの犯罪に朝鮮人が手を染めていたのか、あるいは連合軍が関わっていたのかを知ってショックを受けたのです。

奇妙なことに、日本兵の関わったほんの幾つかの戦争犯罪は、常に注目を集め大袈裟《おおげさ》に騒ぎ立てられます。「パールハーバーはどうだ！　彼らは宣戦布告なしに攻撃してきたぞ！」「バターン死の行軍！」「南京大虐殺！」「七三一部隊！」。

バターンでは戦争犯罪はありましたが、虐殺はありませんでした。南京大虐殺、七三一部隊、性奴隷の件、これらはすべて中国が主となって騒ぎ立てています。

パールハーバーに関してですが、日本が宣戦布告をしなかったことについての議論は何度もしてきました。そもそも米国は一九四二年から宣戦布告をしたことはありません。なので、どうかこの話題を持ち出すのはやめていただきたい。我々（アメリカ人）自身が馬鹿に見えてしまいます。

進駐軍による日本の占領が始まってから、多くのレイプと殺人があったと当時の日本人は告発しました。しかしながら彼らは無視されましたし、現在でも無視されています。今でもその話を持ち出してくる日本人はごく少数です。実際には、多くの告発が米国人兵士とオーストラリア人兵士によってなされました。沖縄にはびこる米兵によるレイプも含めて我が軍の兵士が我々自身を告発しました。

この本、『桜の散るとき』の著者は当時のオーストラリア人兵士です。著者は日本にはびこっていたレイプや殺人などの犯罪についてオーストラリア人を非難しています。告発者は、しばしば自分の過失を他人のせいにしたがります。まちがいなく中国人と韓国人はこのカテゴリーに収まります。調べれば調べるほど、我々が信じたいと思っているほどには自分自身が無実ではないことに気づくのです。

# 第三章 世界情勢の中で

## ◉朝日新聞のとんだへま

朝日新聞による過去の慰安婦報道の訂正記事は、『ニューヨークタイムズ』（NYT）や他のメディアに対して、どんな影響を及ぼすでしょうか？ 他の多くの人々と同様、私はアンチNYTなどではありません（NYTは良い仕事をしています）。しかし、いわゆる日本に対しての慰安婦問題に関しては「へま」をしました。性奴隷にするために日本が二十万人をさらったなどという主張に対して確たる証拠が何も出てきません。言い出しっぺの「歴史家」たちは、誰も証拠を提示することができないでいます。

## ◉朝日新聞社に対しての訴訟

巨大新聞社である朝日新聞社に対しての訴訟に一万人以上が参加しました。興味深い点は、訴訟に参加している「歴史修正主義者」たちが、実は記録された歴史の事実そのものにこだわっていることです。

わかっていることを要約します。

●七十年以上前、戦時中、日本軍は「慰安婦」所を各地に展開していました。その時期とそれ以前にも米国人も同じことをやっていました。これはいろいろな資料に記録されています。別に日本やアメリカを責めるつもりはありません。ほぼすべての慰安婦は志願によって集められました。ブローカーによって騙されたケースも散見されます。滅多になかったことですがインドネシアやフィリピンでは数名の日本兵も関わっていました。戦後、これらの日本兵は処刑されました。もう一度書きます。これは非難しているわけではないですし、実際の歴史学者に非難されている点でもありません。

●一九四五年に戦争が終結しました。計画的な性奴隷が存在したとの主張は一切ありませんでした。慰安婦制度は別に非難されていませんでした。ほぼ全員が売春婦でした。これは疑う余地がありません。これまで韓国には売春宿がたくさんありました。戦後数十年にわたって韓国は米軍に売春婦を提供してきました（今、百二十二名のかつての売春婦が、米軍に対する売春サービスの件で韓国政府を訴えています）。

●一九六五年、日本と韓国間におけるすべての戦後賠償が確定しました。これには日本からの八億ドルの補償を含みます。当時の韓国の朴正熙《パクチョンヒ》大統領は、戦時中、日本軍の将校でしたが、この補償によって韓国を代表して日本と和解しました。

●一九七三年、ある日本人が戦時中の性奴隷についての本を出版しました（16ページ参照）。すぐに本の嘘がばれ、忘れ去られました。

●一九八二年以降、朝日新聞は「済州島などで朝鮮人の村落に押し入り、既婚・未婚を問わず、多数の女性を奴隷狩りのように徴集し、挺身隊の名で慰安所に強制的に連行して慰安婦にした」とする吉田清治氏の証言を、裏づけのないまま掲載しました。「済州島で二百人の女性が拉致された」との話は韓国・日本双方の学者からすぐに誤りを指摘され、吉田氏自らがその「創作」を後日認めましたが、事実であるかのごとく流布され続けました。

●一九八〇年代、一九九〇年代、二〇〇〇年代と、朝日新聞とそれに加担する者たちはその嘘を塗り固めることに腐心してきました。彼らは歴史を変えようと試み続けていたのです。その嘘を糺《ただ》そうとする者たちを、彼らは逆に「歴史修正主義者」と呼びました。

●二〇〇七年、アメリカはアメリカ合衆国下院121号決議を可決しました。これは、すでに嘘が暴かれていた性奴隷の件について、日本に謝罪を求めるものです。その後、この下院決議と、あの嘘つき本を部分的に基にした国連の報告（いわゆる『クマラスワミ報告』）が第二次大戦中における日本軍による性奴隷の証拠として世界中で使われ始めました。どちらも壮大な作り話にもかかわらず。

ゆえに次のことは明らかです。性奴隷の作り話を世界中に広めているとみられる歴史修正主義者が、その証拠を求める者たちに「歴史修正主義者」とのレッテルを貼っています。多くの本、ドキュメンタリー、映画が作られ、慰安婦像が各地に建立されています。それに反対するすべての日本人は、嘘で塗り固める歴史修正主義者に、つまりそれが朝日新聞ですが、「歴史修正主義者」と呼ばれているのです。

## ◉アムネスティ・インターナショナル、日本とタイを攻撃

アムネスティは「現タイ政府が拷問《ごうもん》を行っている」と非難しています。率直に言って、そんなことは信じられません。どんなことでも可能性はあるでしょうが、証拠なしの主張は無意味です。アムネスティのレポートは偏向していることで特に有名です。例えばイスラエルに関して何か問題があると、イスラエルだけを執拗《しつよう》に攻撃していま

す。私はイスラエル人でもユダヤ人でもありませんが、アムネスティのイスラエルに関する偏向報道だけはよくわかります。

二〇一六年初め、ただの売春婦にすぎない「慰安婦」を慰安婦問題として世に喧伝《けんでん》している情報戦の実態を調査するため、私は韓国に飛びました。ソウルは売春婦だらけで、明らかに七十歳以上とわかる現役の売春婦までいました。

ソウルのアムネスティはそれにには目もくれず、イスラエルと日本を攻撃の標的としています。現地を調査してわかったことは、アムネスティが慰安婦の件で日本を非難しているのは、単に金集めのためである、ということです。

私は各国に赴いて現地調査をしてきました。韓国は私が訪れた十一番目の、そして最後の国です。今や私は慰安婦問題については専門家並みに語ることができるほど精通しています。その私から言わせれば、慰安婦問題の本質は、ただの茶番劇であるということです。私の長年の読者なら、このように私が断定するときは、答えを知っているからであり、最後には私が正しいことが証明されることを経験的にご存じでしょう。私は自分の評判を落とす危険は冒しません。これは彼らが仕掛けている情報戦であり、彼らのビジネスでもあります。私は徹底した調査からその本質を見抜きました。

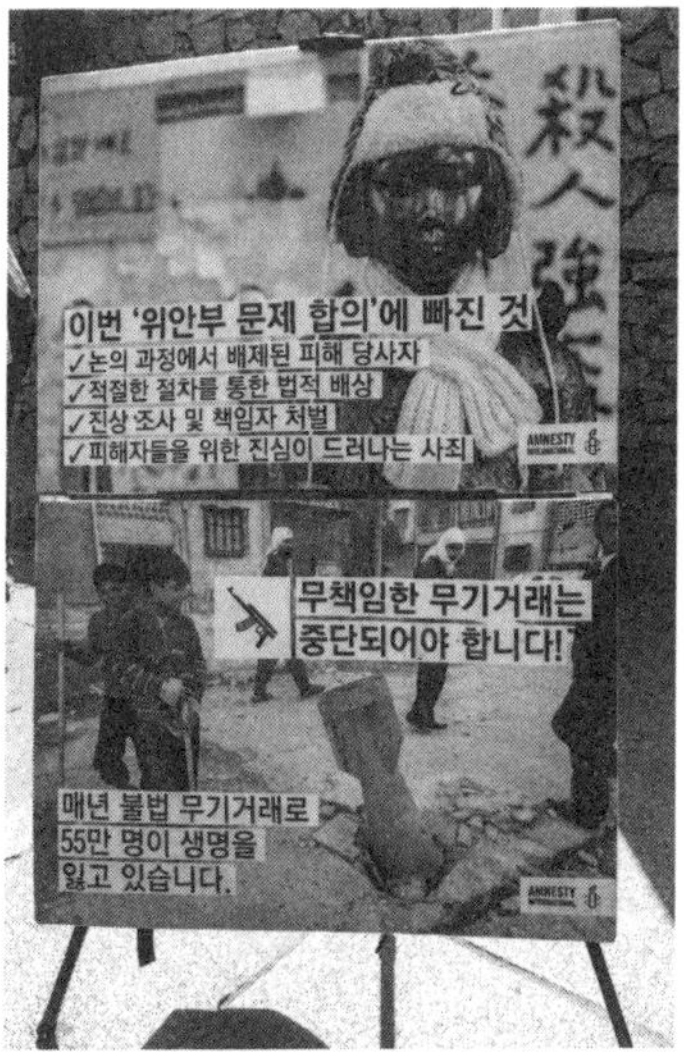


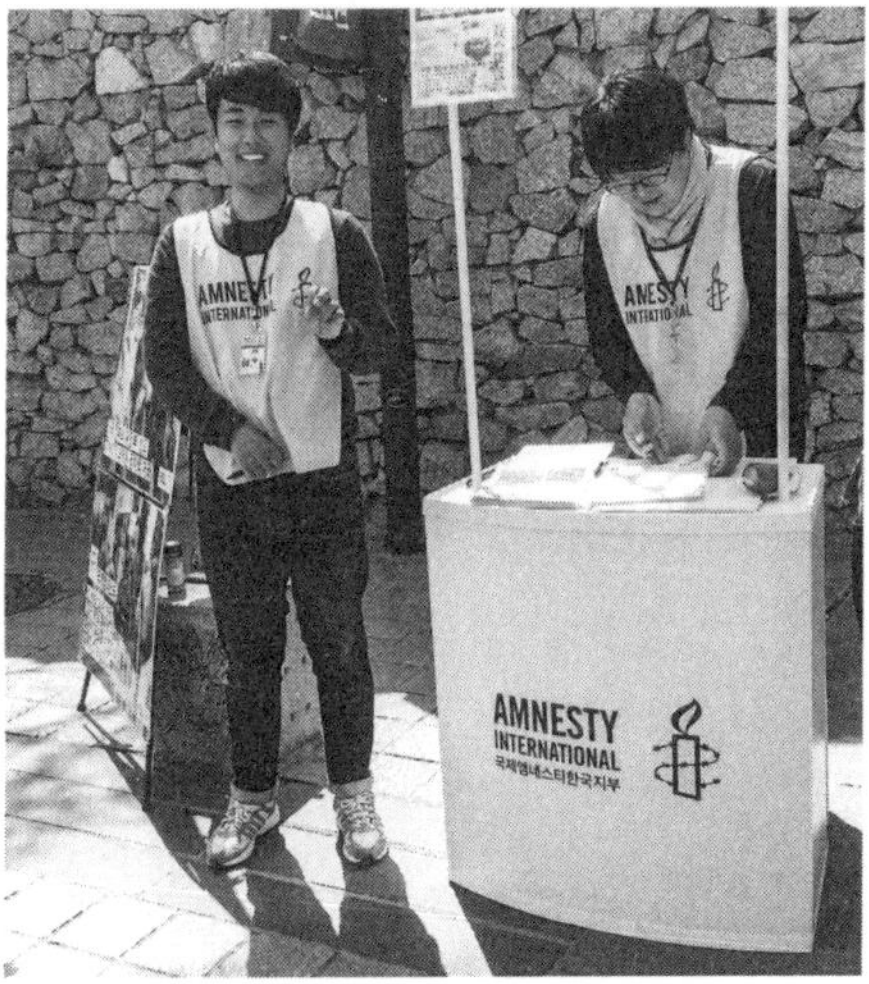


ソウルで活動中のアムネスティの若者たち

今、アムネスティはタイに目をつけました。アムネスティの攻撃に耐えている日本人とイスラエル人ならば次はどうなっていくかよくわかると思います。アムネスティは論点をずらして道徳について説教し、それを次の攻撃材料とするのです。

アムネスティが言っていることで私が「もっともだ」と思ったことは、今の今まで一つもありません。アムネスティ以外の、より信頼に足る情報源からの情報のみが私を説得できます。

217ページの写真は二〇一六年初めに撮影した、ソウルの慰安婦像の近くで活動するアムネスティです。若者たちがこんなことに関わっているのを見て非常に嫌な気持ちになりました。彼らをランチに招き、私が調査の過程で発見したことを教えてやるべきだったとも思います。若者たちは、自分が騙されて国際謀略の駒として片棒を担がされていることに気づいていないのです。信頼性のスケールを十が最高として十段階で評価すると、私はアムネスティに「二」をつけます。

## ◉バチカンの中国接近政策

「バチカンの中国接近政策に対して香港枢機卿が異議を唱える」(NIKKEI Asian Review Feb. 9, 2018)

ローマ法王はカトリック教会に対して取り返しのつかないダメージを与えています。カトリック信者の友人たちは激怒しています。彼らは現在の法王に辞めてほしいと望んでいますし、私も同じ思いです。

中華人民共和国は人類史上最大、未曾有《みぞう》の大虐殺を実行した国です。中国に比べるとナチスさえも矮小化《わいしょう》されます。中国の集団大虐殺に比べるとソビエトの大量虐殺や大量餓死さえも小さなことに見えます。百年続いている戦闘的イスラム民族主義もたいしたことがないように見えてしまいます。ポル・ポトなんて中国に比べたらかわいいものです。

なぜ中国が必死になって世界中の災いを日本のせいにしようとしているか、という理由の一つが、中国の悪逆な所業が注目されるのを避けるためです。中国の戦略の一部には、この注意を逸《そ》らすことが含まれます。一九八九年の天安門の大量殺戮の時から本格的に始動され、後に日本・米国・韓国などの同盟関係を引き裂くための大規模な情報戦争へと姿を変えました。

勘違いしないでいただきたい。中国は人類史上最も大量殺戮をした国で、ローマ法王はその中国の太腿《ふともも》をさすっているのです。バチカンは一人っ子政策で国民に堕胎を強いてきた中共政府に媚《こ》びへつらっているのです。隠すことはできません。自主的堕胎にも強烈に反対してきたのに、この法王にとって中国政府が権力で国民に堕胎させたことは問題ではないのです。

バチカンは慰安婦のペテン師の味方です。金と権力を目の前に差し出されれば正しいことをしなくてもいいのでしょうか。日本は人口のたった一パーセントがキリスト教徒で、カトリックはその一パーセントに含まれるので、極少数です。

翻って韓国と中国はカトリック布教の大きな潜在マーケットです。法王は巨大な中国での布教がしやすくなるように、韓国だけではなく、特に中国におもねっているのが見えます。そして中韓が世界で日本へのヘイトを煽るのを制止せず静観しています。

そうです。お金と権力を差し出されると、反堕胎派であるべき法王はその問題はどうでもよくなるのです。この事態にカトリック教徒の友人は激怒しています。

## ◉韓国、旭日旗を曲解

旭日旗《きょくじつき》をことさらに敵視する声が韓国・中国には根強くあります。しかし「旭日旗はハーケンクロイツと同様に悪魔の紋章」などとの主張は根も葉もない欺瞞《ぎまん》です。日本の旭日旗と、ナチス・ドイツの汚れた紋章（ハーケンクロイツ）とはなんの関係もありません。米国の陸軍、海兵隊、海軍、（空軍のことは知りませんが）、皆、自慢げに旭日旗を当て布や航空機に使っています。

もしもこの日本の誇りのシンボルがナチスのハーケンクロイツと関係あるのでしたら、米国陸軍がこれを使用するわけがありません。旭日旗が米国海兵隊にとって良いものであるなら、韓国のために米国海兵隊は死を賭して戦ったのですから、韓国にとっても同様に「良きもの」のはずです。米国海兵隊には日本人もいました。

旭日旗に敬意を払うべきです。

在日米陸軍航空大隊のエンブレム

米海軍のMIDWAYのバッチ

## マイケル・ヨン氏の活動について

www.Facebook.com/michaelyonfanpage（フェイスブック）
http://michaelyonjp.blogspot.com（日本語版ブログ）
https://www.patreon.com/MichaelYon（支援者サイト）

私、マイケル・ヨンは13年間を通じ世界中からの読者を含むあらゆる皆様のご支援を受けて取材、研究、調査活動を続けて参りました。また、この数年間は、日本の皆様の励ましを頂いて今日までやって参りました。今後とも活動に邁進致す所存でありますので引き続きご支援のほど、お願い申し上げます。

※本書は2014年から2018年にかけてフェイスブックに投稿の記事をもとに編集したものです。

【著者略歴】

**マイケル・ヨン**(Michael Yon)

1964年、アメリカ合衆国フロリダ州生まれ。1980年代にアメリカ陸軍特殊部隊(グリーンベレー)に所属。2004年からイラク戦争、アフガニスタン紛争に従軍記者として参加。世界75カ国を巡りレポート。2008年に刊行した著書『Moment of Truth in Iraq(イラクの真実の時)』は全米ベストセラーを記録。慰安婦問題では長く埋もれていたアメリカ政府の調査報告書「IWGレポート」を再発見し、「慰安婦問題」の真実を調査し続けている。現在は、ジャーナリスト、写真家、ブロガーとして幅広く活躍し、世界の主要メディアから注目されている。

# 決定版・慰安婦の真実
# 戦場ジャーナリストが見抜いた中韓の大嘘


発行日　2018年11月12日　初版第1刷発行
　　　　2018年11月30日　　　第2刷発行

著　者　マイケル・ヨン
発行者　久保田榮一
発行所　株式会社　育鵬社
〒105-0023　東京都港区芝浦1-1-1　浜松町ビルディング
電話03-6368-8899(編集)　http://www.ikuhosha.co.jp/
株式会社　扶桑社
〒105-8070　東京都港区芝浦1-1-1　浜松町ビルディング
電話03-6368-8891(郵便室)
発　売　株式会社　扶桑社
〒105-8070　東京都港区芝浦1-1-1　浜松町ビルディング
(電話番号は同上)
本文組版　株式会社　明昌堂
印刷・製本　サンケイ総合印刷株式会社




ISBN 978-4-594-08090-7

本書のご感想を育鵬社宛てにお手紙、Eメールでお寄せください。
Eメールアドレス　info@ikuhosha.co.jp